Amorces de récits

en soutien à
Boualem Sansal

Chaque auteur reste propriétaire
des droits de son texte
Avenue Winston Churchill, 28 octobre
(B)1180 Uccle
www.ederneditions.com
info@ederneditions.com

1ʳᵉ édition

Maquette et direction artistique : Jack Durieux
Illustration de couverture :
Quels barreaux ? Studio Edern

Imprimé par BOD (Allemagne)

Dépôt légal : D/2025/10.807/37

Droits de traduction et de reproduction réservés pour tous pays.
Toute reproduction, même partielle, de cet ouvrage est strictement interdite.

Les droits issus des ventes de ce recueil seront
reversés à l'assocation Pen International

COLLECTIF
SOUS LA DIRECTION DE
LILIANE SCHRAÛWEN

Amorces de récits

◆

en soutien à
Boualem Sansal

*Ils prirent l'homme,
son ombre resta.*

Ils prirent l'ombre.

*Le ciel m'est témoin
que leurs mains
ruisselèrent
de lumière.*
Géo Libbrecht (1891-1976), in *Livres cachés*

*Le 29 mars, Hassan II avait fait cette déclaration :
« Il n'y a pas de danger aussi grave pour l'État
que celui d'un prétendu intellectuel. Il aurait
mieux valu que vous soyez des illettrés ».*
Leïla Slimani, *Regardez-vous danser*

AVANT-PROPOS

Vincent Engel

Président Pen Belgique francophone

Quand on y songe, il y a quelque chose de stupéfiant à constater les efforts démesurés que les tyrans déploient pour faire taire des écrivains. Pour brûler des livres et leurs auteurs – ces fauteurs de mots qui troublent… Mais qui troublent quoi ? Qui troublent quelle eau dormante où les cailloux de la routine ébauchent des ronds sans remous ?

Pourquoi faire taire celles et ceux que personne n'écoute vraiment ? Pourquoi emprisonner celles et ceux dont l'action la plus forte conduit à peine, lorsqu'on lit leurs textes à haute voix, à quelques vibrations éphémères, que le silence recouvre bientôt ?

Comme si les mots fissuraient les murs…
Comme si les mots émouvaient les tueurs…
Comme si les récits étaient des récifs où échouaient les vaisseaux de la tyrannie…

Quand on y pense, quelle est cette étrange force qui inquiète à ce point les puissants ? Serait-ce que leurs ruses, leurs armes, leurs muscles, leur violence, leurs stupides certitudes de détenir la vérité unique, serait-ce que tous ces atouts ne servent à rien face à des petites, des minuscules lettres, des signes comme des insectes insignifiants ?

Des insectes qui s'insinuent partout, dans la tête de Sartre comme dans celle de Poutine, qui rendent fou parfois, mais qui souvent rendent espoir, qui tissent des avenirs impossibles – impossibles s'il n'y avait des signes, ces mots, ces phrases… Ces récits.

« Sans témoins pour la raconter, l'histoire n'existe pas », écrit Boualem Sansal dans *2084, la fin du monde*, « quelqu'un doit amorcer le récit pour que d'autres le terminent ». Sans témoins pour la dénoncer, l'injustice se déploie ; là aussi, il faut « amorcer le récit » pour que prenne fin l'injustice. Les mots amorcés en récit peuvent être des balles. Malgré toute l'impuissance de la littérature, ou peut-être grâce à elle, ces balles traçantes dessinent les contours d'un monde où les tyrans ne peuvent pénétrer. Ce monde, d'abord, est celui de la solidarité ; la solidarité des faibles, cette « solidarité des solitaires » si chère à Camus, de celles et ceux qui luttent pour une richesse que ne peuvent connaître les tyrans et qui leur est à jamais interdite : la dignité. Un combat pour rien, peut-être, sinon pour affirmer et faire vivre cette dignité. Un combat pour tout, alors, un combat pour toutes et tous, pour une liberté elle aussi, comme la dignité, interdite aux tyrans, ces misérables « moins libres que les gens qu'ils bâillonnent et font disparaître » (*2084* encore).

Dans ce volume, près de 40 autrices et auteurs se veulent témoins, se veulent solidaires d'un homme emprisonné honteusement. D'un homme digne et qui, quoi qu'en pensent ses geôliers, est tout sauf seul, abandonné. Par ces textes, ces taches d'encre sur le papier que les aveugles jugent insignifiantes, nous sommes avec Boualem Sansal, dans sa cellule. Dans sa tête, dans son cœur, pour lui rendre espoir. Et nous nous insinuons dans l'esprit de ses bourreaux pour les tourmenter, sans violence mais avec toute la force des mots. « Oui, la littérature est quelque chose de très puissant, qui vient répondre aux angoisses des uns et qui pousse les autres à s'interroger », disait Sansal à Julien Bisson[1].

Il est temps, Monsieur le Président, que vous vous interrogiez. Sur quoi ? Sur vos certitudes. Sur votre dignité. Sur la vanité de ces efforts démesurés que vous déployez pour faire taire des voix qui, comme l'eau, éroderont vos prisons et vos palais, peu importe le nombre de balles que vous y tirerez, et qui ne la troubleront jamais dans sa course libre.

Vincent Engel,
Président de Pen Belgique francophone.

---

1. Dans *Lire* n° 441, décembre 2015 – janvier 2016.

BOUALEM SANSAL :
UN ÉCRIVAIN LIBRE
EST UN ÉCRIVAIN EN DANGER

Amina Azoun

écrivain (pseudonyme)

L E 21 mai 2003, un séisme d'une magnitude de 6,8 frappe le département de Boumerdès, à l'est d'Alger. Ce jour-là, j'étais chez moi, à plus de 300 kilomètres de l'épicentre, et pourtant, nous avons ressenti la secousse. La mosquée a immédiatement commencé à diffuser du Coran à travers son haut-parleur. C'était une atmosphère apocalyptique. Nous pensions que le séisme allait également toucher notre petite ville. Cependant, la seule chaîne de télévision nationale diffusait un match de foot, sans aucune information sur la catastrophe en cours. Il a fallu attendre le lendemain pour voir les premières images des immeubles effondrés, tels des châteaux de sable. Ces bâtiments, construits en grande partie par des entreprises chinoises, se sont écroulés sous la violence du tremblement de terre. Le bilan des victimes a commencé à être établi : plus de 2 200 morts au total.

Pendant ce temps, des rumeurs circulaient à propos de la disparition d'un écrivain. Certains affirmaient qu'il était probablement mort sous les décombres, tandis que d'autres espéraient qu'il était encore vivant. Il a fallu une semaine avant qu'il réapparaisse. Son nom : Boualem Sansal. Pendant ces jours de chaos, il a accompagné les secouristes, sauvant des vies. Il se trouvait en première ligne, jouant un rôle pour sauver des innocents. Il a affronté le séisme le plus violent que l'Algérie ait connu depuis le début du XXIe siècle.

Cet écrivain, qui a risqué sa vie pour sauver celle des autres, sera, plus tard, accusé de terrorisme. En Algérie, il suffit parfois d'une décision politique pour qu'un écrivain passe du statut d'intellectuel à celui de terroriste. S'il parle, s'exprime ou donne son avis sur une question qui s'oppose au régime en place, il se trouve passible de l'article 87 bis du Code pénal et est accusé d'avoir porté atteinte à l'intégrité du territoire national. Comment un écrivain pourrait-il porter atteinte à l'intégrité du territoire de l'Algérie, le plus grand pays d'Afrique ? Les responsables prennent les décisions, mais les écrivains n'ont pas le droit de s'y opposer !

Boualem Sansal est devenu écrivain, grâce à des milliers de lecteurs, et terroriste par la décision d'une seule personne.

Le 21 novembre 2024, j'étais dans une capitale européenne, invitée par l'université, pour parler de la littérature algérienne. Deux heures avant ma conférence, l'information est tombée : Boualem Sansal a été arrêté à l'aéroport d'Alger. Il a fallu passer par des médias étrangers pour savoir ce qui se passait dans mon pays. Sansal avait été arrêté le 16 novembre, mais personne n'avait donné l'information. Les médias algériens ne s'intéressent pas à informer le citoyen. Ils ne se sont pas souciés de nous parler du séisme de 2003, donc ils ne jugeaient pas nécessaire de nous informer qu'un écrivain célèbre avait été arrêté à l'aéroport.

Lors de ma conférence, j'étais gênée devant des étudiants italiens. Je leur parlais de la littérature dans mon pays, et ils m'ont posé la question : comment est-il possible d'arrêter un écrivain ? Ils avaient le droit de poser une telle question, mais je n'avais pas encore de réponse. Il a fallu attendre quelques jours pour que l'agence de presse officielle confirme l'arrestation de l'écrivain. Ils ont publié une dépêche, non pas pour expliquer qu'il avait été arrêté et pourquoi, mais pour accuser la France de comploter contre l'Algérie. Voilà un autre sport algérien : lorsqu'on critique les pratiques du régime en place, on est qualifié de complotiste.

Quant à Boualem Sansal, il est accusé (à tort) en raison de déclarations faites sur une web TV française, dans lesquelles il disait que certains territoires à l'ouest de l'Algérie appartenaient au Maroc dans le passé. C'est un point de vue qu'on pourrait contester, mais dans mon pays, on n'a pas l'habitude de répondre aux intellectuels. On a plutôt l'habitude de les incarcérer.

Dans un climat de haute tension, d'une part entre l'Algérie et le Maroc, et d'autre part entre l'Algérie et la France, un écrivain paie le prix fort.

Naturellement, on aurait pu imaginer que Sansal se trouve en prison, attendant son procès. Non ! En Algérie, les choses ne se passent pas ainsi. Avant tout, il faut passer par une torture morale, dont se chargent les médias locaux. Ceux-ci se sont lancés, pendant plusieurs jours, dans la diffusion d'atrocités et de fake news à son sujet, cherchant à salir sa réputation et à s'attaquer à sa famille.

Alors que les médias algériens étaient censés se concentrer sur la situation à Gaza, ils ont interrompu toute information sur le Moyen-Orient pour se focaliser sur Boualem Sansal. On a fait de lui l'ennemi public numéro 1. Tout cela se passe au mépris de la justice, alors que l'écrivain n'a même pas encore été jugé. Le président de la République s'est également engagé dans cette dynamique et a qualifié Boualem Sansal de « bâtard », un terme très agressif en Algérie. Lorsque l'on veut insulter quelqu'un, on l'appelle ainsi. Donc, le président, censé être neutre, a pris part au jeu en provoquant la colère des gens contre Boualem Sansal.

Cette campagne médiatique contre Boualem Sansal nous rappelle ce qui s'est produit avec un autre écrivain algérien : Kamel Daoud.

Lauréat du prix Goncourt 2024, un événement majeur dans la littérature française et mondiale, il aurait pu être célébré en Algérie, son pays natal, en tant que premier Algérien à décrocher un tel prix. Mais depuis l'annonce de son nom, le 4 novembre 2024, tous les médias en Algérie se sont unis pour lui attribuer les pires qualificatifs. Deux procès ont été intentés contre son roman, un fait inédit. Jamais un roman en Algérie n'a subi une telle campagne de haine que celui de Kamel Daoud, *Houris* (paru chez Gallimard). Ce roman, qui traite de la décennie noire dans une Algérie qui cherche à enterrer cette période, cette époque où des Algériens ont tué d'autres Algériens, a suscité une violence médiatique sans précédent.

Pour comprendre le problème de l'Algérie avec son passé, notamment la décennie noire, il faut revenir à Boualem Sansal. Son premier roman, *Le Serment des Barbares* (1999), traite de la violence islamiste à une époque où l'Algérie officielle soutient un discours anti-islamiste. Le roman fut salué en Algérie. Il a été traduit en arabe et était disponible dans les librairies ainsi que dans les bibliothèques universitaires.

Mais les choses changent à partir de 2008. L'Algérie avait tourné la page de son passé, de la décennie noire, et Boualem Sansal avait publié cette même année son célèbre roman *Le Village de l'Allemand*. Dans cette fiction, il imagine un ex-nazi qui rejoint la guerre de libération en Algérie dans les années 50. Nous savons tous que de nombreux leaders historiques algériens avaient un rapprochement idéologique avec les nazis ; ils croyaient que, si le Troisième Reich gagnait la guerre, le pays serait libéré de la présence française. Lorsque Sansal a écrit cette fiction, il est devenu une persona non grata. Il ne sera plus traduit en arabe, mais censuré.

Boualem Sansal a subi une énorme censure ; il est devenu interdit dans son propre pays, jamais invité dans des débats publics, ses livres introuvables en

Algérie ou bien rentrant clandestinement. Pendant 16 ans, il a vécu comme un écrivain clandestin dans son propre pays. Mais depuis le 16 novembre 2024, il n'est plus clandestin. Il est devenu une personnalité publique en Algérie, mais pour l'insulter, l'incarcérer, et le qualifier de terroriste.

BOUALEM SANSAL, LE MARATHON DES MOTS

Tahar Bekri

poète, essayiste et critique littéraire
tunisien de langues française et arabe

Cher Boualem,
La prison, les barreaux de la cellule, je connais.
La privation de la liberté, je connais, mais je sais aussi que j'ai demandé qu'on m'apportât, en prison, *Les Chemins de la liberté* à relire.

Je sais ce que tu peux endurer !

On peut empêcher ton corps frêle et fragile de respirer l'air libre mais pas tes mots, ils sont dehors, ils volent de leurs propres ailes.

Ta place n'est pas là, mais derrière ta plume, vigilante, exigeante, au regard critique, ciselée, percutante, aiguisée comme un scalpel.

Tu te souviens, j'avais écrit un article sur l'un de tes premiers romans, *Harraga,* ces « brûleurs » des mers, cherchant fortune, au prix de leur naufrage...

Puis il y a eu Toulouse et *Le marathon des mots,* les mots du « printemps arabe », qui tentaient d'éclore, les mots des cris des peuples contre leurs oppresseurs, les mots qui chantaient leur douleur, chargée de toute la peine du monde.

Je te retrouvai ensuite chez moi, en Tunisie, sous l'acropole, à Carthage, où nous étions invités au *Marathon des mots,* tu intervenais à un débat, je faisais une lecture de poésie à laquelle tu voulais assister, tu t'es excusé, avec ta courtoisie amicale, car on t'avait happé pour un autre rendez-vous ; sache qu'en ton absence, les mots du poème « Épopée du thym de Palestine » furent emportés par l'écho de la cathédrale/acropole jusqu'au tombeau de Mahmoud Darwich.

Mais tu le sais, dans ce cas, nous sommes les marcheurs dans le désert, le sable couvre souvent nos mots.

Je te retrouvai le soir au Collège de philosophie, pour dîner chez notre amie Hélé, si généreuse, il y avait là mes amis, le romancier égyptien Jamel Ghitani et mon compatriote, le poète Sghaïer Ouled Ahmed que je n'ai pas vu depuis des années, paix à leur âme.

Nos échangions des mots fraternels. Ces réunions de détente sont devenues, dans nos régions, de plus en plus rares, un luxe par les temps qui courent ;

nous les arrachons aux parcours sinueux et tortueux de l'écriture, car nous ne sommes jamais sûrs, sous nos cieux, qu'ils ne soient emportés par les torrents comme du bois mort.

Dans le hall de l'hôtel, avec ta valise prête, tu étais sur le point du départ, nous avions un peu de temps pour nous dire au revoir et échanger quelques mots, entre espoir et désenchantement, hélas, ceux qui « détournent le fleuve » sont plus nombreux que ceux qui irriguent la terre.

Tu attendais un éditeur tunisien, à la hâte, pour une traduction arabe de l'un de tes romans, mais je ne sais si cela a été fait.

Tu le sais, peut-être, les Tunisiens ont depuis les années soixante-dix créé une collection, « Le retour du texte », et traduit les auteurs algériens de langue française, afin que leurs mots soient compris par les arabophones.

Ceux-là ne sont pas les islamistes extrémistes que tu condamnes, à juste titre, et qui ont causé tant de malheurs, lors de la décennie noire ;

les arabophones modernistes, de progrès, démocrates, existent,

les musulmans tolérants, qui pratiquent leur foi sans déranger personne, existent.

La laïcité m'a appris le respect de tous, quelle que soit la croyance de chacun.

J'étais heureux de te revoir chez moi, l'Algérie a occupé tant d'années et de place dans ma vie, ses littératures dans ses différentes langues obligent.

L'idée de Maghreb m'a toujours paru si naturelle, une réalité évidente, pour des raisons historiques et géographiques.

Aussi, te lire, lire les auteurs algériens de langue arabe ou française, est-il pour moi comme un devoir, il nous faut réunir nos peuples dans leurs luttes pour leur liberté, leur progrès, oui, les Lumières méritent tous nos engagements et je souscris à tes craintes.

Pour dissiper l'obscurantisme, il nous faut saisir et maîtriser la clarté.

Cher Boualem,
En Algérie, les mots ont tué, je ne t'apprends rien, Tahar Djaout, Youcef Sebti, Abdelkader Alloula, Lounès Matoub, auteurs francophones, arabophones et berbérophones.

Si tu le permets, ce n'est ni la langue ni la religion qui les a tués, mais l'intransigeance suprême dans la course aux cimes du pouvoir, érigée en objectif sacré, juste comme échelle pour cueillir le fruit. Au nom du religieux, qui n'a rien de tel, on brandit des étendards noirs et verts, et on est à l'abri des crimes,

Je te retrouvai à Paris à l'Ambassade de Tunisie, où l'on remettait des insignes et des décorations à des Juifs amis, le pays reconnaissant. Le nouveau Chef d'État était un ancien ministre et ambassadeur du Président Bourguiba.

Les années nous ont séparés, mes ennuis de santé, mon absence, presque, de la vie publique, j'ai continué à te lire, à suivre tes propos et autres déclarations sur les médias et les réseaux sociaux.

Je suis surpris, je te l'avoue, par tes prises de position, sans nuances, limitées à la seule critique de Hamas, et qui considèrent tous les Palestiniens de la sorte, comme s'ils étaient coupables des malheurs et de la tragédie de l'Histoire.

Tes mots sur le territoire national laissent perplexe.

Sur la religion musulmane dont il faut se débarrasser, dis-tu, est-ce ainsi qu'on peut aider à la paix, la paix entre les Humains ?

Cher Boualem,
Tout comme les écrivains algériens qui ont chanté leur terre, les écrivains palestiniens n'ont jamais fait défaut à la leur ; Fadwa Toucan, Mahmoud Darwich, Emile Habibi, Sahar Khalifa, Samih al-Qassim, Tawfik Zyad, Jabra Ibrahim Jabra, Salma al-Jayussi, Ghassan Zaqtan, Ibrahim Nasrallah, Liana Badr, Elias Sanbar, Zakariya Mohamed, Bassem al-Nabreece, Nathalie Handal, Deema Shehabi, etc., toutes générations confondues, ont-ils jamais existé, que faut-il en faire ?

Cher Boualem,
Je ne suis pas d'accord avec tes derniers propos, parce qu'ils ne peuvent faire de la souffrance humaine une affaire sélective, de la mémoire des uns un effacement de la mémoire des autres, ou alors je me trompe...
De toutes mes forces, j'appelle à ta liberté, car tes mots ont le droit absolu d'exprimer ce que tu penses et ce que tu écris.
C'est au lecteur de les juger, non à la police !

DANS L'OMBRE
DE LA PLUME

Majda Ben Azouz

écrivain

Il y a des livres qui meurent avec leur siècle, et d'autres qui continuent à vivre, à parler, à interpeller ceux qui viennent après. *Le Zéro et l'Infini* est de ceux-là. Un livre qui traverse les murs du temps, qui refuse de se taire, comme une voix emprisonnée mais toujours vivante.

Dans cette cellule Boualem Sansal écoute, et il entend. Il entend une voix qui ne devrait pas être là, une voix née sous la plume d'un homme d'une ère révolue. Mais les murs ont une mémoire, et les mots, eux, n'ont pas de tombeau.

Au, début, il se dit que ce n'est qu'une illusion, un écho dans le vide. Mais plus il écoute, plus cette voix se fait tangible, comme un souffle d'air frais, dans une pièce close, un cri de résistance dans l'obscurité.

Peut-être que Roubachov n'a jamais existé.

Peut-être que son histoire n'est qu'un écho lointain.

Pourtant, ce soir, il est là. Il parle.

Parce que l'histoire ne cesse jamais de se répéter.

Parce que ceux qui écrivent avec courage ne sont pas seulement des témoins, mais aussi des gardiens de la mémoire collective des peuples.

Écrire, c'est refuser que cette mémoire s'efface sous la censure et le temps. C'est aussi alerter, car les dérives totalitaires ne disparaissent jamais vraiment : elles attendent, tapies dans l'ombre du silence, comme des spectres prêts à hanter chaque espace où la liberté d'expression se fait vacillante.

Ce silence n'est pas seulement l'absence de bruit, en outre, il y a la répression des voix dissidentes, la suppression de l'histoire, la réduction de l'individualité humaine au service d'un récit imposé.

Alors, dans une cellule algéroise qui pourrait être la sienne, Sansal lui répond.
Ou du moins, il essaie.

Mais comment répondre à une présence qui ne devrait pas exister ? Comment dialoguer avec un fantôme du passé ? Il reste un instant sans bouger, figé sur sa couchette de fortune dans une geôle étroite, il est perdu dans ses pensées.

Son corps est malade, fatigué. L'isolement, la douleur, l'angoisse qui dévore chaque fibre de son être... Le verdict est tombé si vite qu'il n'a même pas eu le temps de comprendre. Quelques mots prononcés avec une froideur administrative : « Vous êtes coupable d'atteinte à la sûreté de l'État. » Pas de procès, pas de justification, pas de défense possible. Juste une détention, appliquée sans appel. Le cancer, toujours là, bien qu'il soit épuisé par cette pensée. Il le porte avec lui, ce corps qui ne se remet pas. La maladie n'a pas disparu, elle se niche dans les recoins sombres de ses os, le ronge lentement, mais sûrement, tout comme le silence l'accable. Fatigué de cet endroit, fatigué de l'attente, fatigué d'une liberté volée. Plus de cent onze jours ici, ou peut-être davantage, dans ce réduit minuscule qui ne laisse pas même l'air s'infiltrer. Son esprit, aussi usé que son corps, commence à se perdre dans l'infini des jours et des nuits qui se ressemblent.

Mais cette voix, elle persiste.
« **Sansal, tu n'es pas seul.** »
Il sursaute.

Il se redresse brusquement, son cœur battant la chamade.
Comment ?
Qui parle ?
Il regarde autour de lui. Rien. Le silence reprend rapidement sa place, mais cette voix… il la sent encore vibrer dans les parois de sa cellule. Il tend l'oreille.

« **Tu n'es pas seul.** »
C'est un coup de froid qui le traverse, comme un frisson glacial.
Il essaie de se convaincre que ce n'est qu'une illusion, le fruit de la fatigue, de l'isolement, de ses pensées qui déraillent.

Un homme, un visage. L'image s'affine et il sait, il le reconnaît. Il n'a jamais croisé Roubachov, n'a jamais lu en profondeur les écrits de son auteur, mais il sait.

L'Histoire de cet être est là, devant lui, dans l'air dense de la cellule.

L'Histoire qui le rattrape dans cet endroit perdu. Ce n'est pas seulement une illusion.

C'est une apparition réelle. Un spectre. Un témoin de l'histoire, un souvenir, une voix. Et tout à coup, l'antre lugubre n'est plus un lieu d'isolement, mais un croisement entre les époques, un lien entre lui et cet homme qui n'a jamais existé que dans les pages du passé.

Mais sans attendre une réponse, Rubachov reprend :

« Tu crois être seul, Sansal. Tu crois que le monde a abandonné les révoltés, les clameurs qui s'élèvent contre l'oppression. Mais regarde autour de toi. Même dans cette cellule, même dans l'obscurité, il y a quelque chose qui résiste. La vérité résiste. Et elle te cherche, toi, comme elle m'a cherché. Comme elle en a cherché d'autres avant nous. »

Il s'interrompt, laissant ses mots flotter dans l'air. La nuit semble se densifier, plus lourde encore, mais d'une manière étrange, presque rassurante.

« Je suis l'homme du passé, celui qui a vu la fin de ses idéaux. Mais toi, tu es encore là ! Et ta lutte, Sansal, elle n'est pas terminée. »

Sansal n'arrive pas à tout saisir. Il perçoit la gravité des mots, mais il est pris dans un tourbillon de pensées contradictoires. Cette rencontre avec Rubachov, cet esprit, ce passé qui refuse de mourir, c'est un choc. Un choc mental et émotionnel. L'histoire qui lui est imposée, comme un fardeau, comme une condamnation. L'Histoire de son pays et de ce qu'il vit aujourd'hui, à travers cette prison.

Sansal veut répondre à ce spectre du passé mais il est submergé par l'émotion. Il pense aux années noires, à la décennie qui a brisé l'âme du peuple, aux mensonges racontés par les autorités pour dissimuler la vérité. L'histoire officielle, celle du pouvoir, a camouflé les faits tels qu'ils ont eu lieu, réduit au silence la voix des résistants, effacé les mémoires de ceux qui se sont battus pour la liberté. L'Algérie n'est-elle pas devenue une victime de sa propre libération ?

« Tu sais, Rubachov, dit-il finalement, d'un ton bas mais ferme, je comprends ce que tu dis. Mais ici, en Algérie, nous portons un fardeau bien plus lourd. L'Histoire que l'État nous impose n'est qu'une version déformée de la réalité.
L'indépendance… ce que l'on nous a enseigné… Ce n'est pas la même indépendance que j'ai vécue. Et la guerre contre les forces coloniales… c'était autre chose. C'était un autre monde. Nous nous battions pour la liberté, pour l'humanité. Et aujourd'hui, qu'avons-nous ? »

Une lueur d'émotion traverse le regard de Roubachov, sa voix tremble légèrement tandis qu'il s'exclame : « Tu vois, c'est cela, Sansal. Ce que tu ressens, c'est ce que j'ai ressenti. Nous avons tous été trahis, ceux de ma génération comme ceux de la tienne. La vérité a été étouffée. Mais il faut résister. Parce que la vérité, en dépit de son silence, cherche toujours à émerger. Elle finit par se lever, bien que le prix à payer soit lourd. »

Sansal serre les poings, s'emporte en lançant d'un souffle rapide : « Et quelle vérité ? La vérité des prisons, des tortures, des assassinats, des manipulations sournoises ? La vérité des oubliés, des anonymes que l'on enterre sans même les nommer ? La vérité que l'on cache pour maintenir un ordre et une stabilité qui écrase les âmes et les rêves ? »

Rubachov soupire, arpente l'exiguïté de la cellule, saisissant un des barreaux à pleine main. Puis, se retournant, il lui assène : « La vérité, Sansal, c'est que l'Histoire est faite de ceux qui trahissent les grands idéaux, en laissant derrière eux des empreintes de corruption, mais aussi de ceux qui se révoltent contre les fausses idoles et luttent pour la liberté, prêts à faire des sacrifices pour les générations futures. Et tant qu'il y a une voix pour dire *non*, il y a une chance pour que cette vérité soit entendue. »

Sansal ferme les yeux, il sent la rage bouillonner en lui. La situation de son pays, ce qu'il ressent chaque jour, cette oppression, la perte des idéaux, la défaite des rêves, tout cela l'étouffe. Mais quelque chose dans les tréfonds de son âme commence à se redresser, à résister. La présence de Rubachov, cette figure de révolté, de combattant, lui donne une force nouvelle.

« Peut-être que tu as raison, murmure-t-il, presque pour lui-même. Peut-être que je suis encore là parce que je n'ai pas abandonné. Pas encore. Pas tout à fait. »

Sansal regarde la pièce froide et austère de la prison. Il touche du bout des doigts la plume posée sur la petite table en bois. Il pense à son passé, à la manière dont l'écriture l'a toujours animé, comme une arme contre l'injustice. Mais aujourd'hui cette conviction est mise à mal, il se demande, en cet instant, si écrire ne serait pas qu'un acte futile. La réalité de la prison est trop écrasante pour que ses mots conservent le moindre pouvoir de contestation.

L'Algérie, cette terre qu'il porte dans son cœur, l'oppresse par ses silences. Ce désert de l'âme où le peuple est aveugle, sa mémoire effacée, et ses idéaux révolutionnaires réduits à des slogans dénaturés par l'État. C'est ainsi qu'il le perçoit, ce lieu qui nourrissait autrefois ses espoirs. Le sol de ses racines n'est plus qu'un miroir brisé, où se dispersent les éclats d'un passé glorieux trahi. L'Algérie, désormais, est un vaste écho de souffrances réprimées par la propagande.

« Écrire… Dans cet endroit, cela semble si dérisoire ! Je me demande si ce que je fais a encore du sens. L'écriture a toujours été ma résistance, mais ici, elle n'est qu'une illusion. Qu'est-ce que mes mots peuvent changer dans ce monde clos où tout est contrôlé, où la pensée est constamment surveillée ? »

Roubachov le reprend avec conviction : « Peut-être. Mais l'Histoire ne nous a-t-elle pas montré que chaque époque de tyrannie finit par être renversée ? C'est dans les moments les plus sombres que le rôle de l'écrivain prend toute son importance. Les purges et la répression sous Staline, ce chapitre douloureux de l'Histoire, semblent se répéter, n'est-ce pas ? Chez toi, dans ton Algérie… Pourtant, alors que Staline était persuadé d'avoir détruit l'écrivain, c'est bien ce dernier qui a gagné à la fin. Les livres sont immortels. La vérité finit toujours par surgir, même après des décennies de silence. »

Sansal fronce les sourcils, un sourire amer aux lèvres et réplique : « À quel prix ? La révolution a été trahie. L'indépendance a été gangrénée. Après la guerre, j'ai cru que l'avenir se construirait à partir de nouvelles fondations solides comme un roc, mais c'est la même répression, sous une autre forme, qui s'est installée. La liberté, le changement ? Tout cela me paraît une illusion aujourd'hui. »

Roubachov inspire profondément, comme pour se remplir de certitude, s'installe à côté de Sansal sur son lit, lui passe un bras autour des épaules, puis lui répond avec une chaleur fraternelle : « Peut-être que la répétition des schémas historiques n'implique pas nécessairement l'impossibilité du changement, mais cela nous rappelle plutôt que la lutte pour préserver la vérité reste essentielle. La censure ne fait que renforcer l'importance de l'écriture. Si personne ne parle, la vérité, qui la portera ? »

Sansal, l'esprit envahi par une incertitude soudaine, laisse passer un silence avant de s'expliquer : « Aujourd'hui, tout est fait pour étouffer cette vérité.

Dans l'Algérie que je connais, la mémoire est manipulée, les événements sont réécrits par les autorités et la parole est muselée. Même moi, ici, enfermé dans cette cellule, je me demande si mes mots ont encore du sens. »

Alors Roubachov, le visage impassible, murmure d'une voix solennelle : « Même si leur impact n'est pas immédiat, les mots conservent leur portée, jusqu'à ce qu'ils portent fruit. Ce sont eux qui, plus tard, permettront à ceux qui viendront après nous de comprendre l'essence de ce que nous avons vécu, de percevoir ce que nous avons traversé, de prendre conscience de nos luttes.

La mémoire doit être gardée intacte, même dans le silence d'une geôle. »

Sansal, encore sceptique mais visiblement troublé par la conviction de son camarade des ombres, s'écrie avec force : « Et si, au bout du compte, il n'y a personne pour prendre connaissance de cette vérité ? Si les mots, une fois écrits, ne servent qu'à être enfermés dans les tiroirs des autorités ? »

Roubachov se lève, l'attitude empreinte d'une foi inébranlable, le regard déterminé fixant l'instrument posé sur la table, cet objet apparemment simple, mais capable de changer le cours de l'histoire, et conclut : « Si personne n'y a accès aujourd'hui, ces mots vivront. Un jour, quelqu'un les lira. Et là, ce sera une arme encore plus puissante, car ils auront survécu à la répression, à la censure, et à l'oubli. L'écriture n'a pas de date d'expiration. Elle peut s'éteindre un moment, mais elle finira toujours par renaître. »

Sansal, après un long silence, regarde la plume une dernière fois. Les mots, comme une flamme chancelante, s'apprêtent à retrouver leur éclat. Il tend la main, hésite. L'ombre de Roubachov s'estompe dans la pierre, disparaissant à l'aube d'un nouveau jour, comme si le vent tournait la page d'un livre essentiel, marquant un commencement. Alors d'un geste résolu, Sansal saisit la clef des mémoires, prêt à ouvrir la porte du temps. Plus rien ne peut l'arrêter.

L'encre glisse. Les mots renaissent. Il écrira, encore et toujours.

UNE ÉTOILE DANS LES TÉNÈBRES

Kamel Bencheikh

écrivain

« Celui qui vous maîtrise tant n'a que deux yeux, n'a que deux mains, n'a qu'un corps, sinon qu'il a plus que vous tous : c'est l'avantage que vous lui faites pour vous détruire. D'où a-t-il pris tant d'yeux dont il vous épie si vous ne lui donniez ? Combien a-t-il tant de mains pour vous frapper s'il ne les prend de vous ? Les pieds dont il foule vos cités, d'où les a-t-il s'ils ne sont les vôtres ? »
Étienne de La Boétie,
Discours de la servitude volontaire

Le 16 novembre 2024.
Cette date est gravée dans nos mémoires comme une étoile brisée, un cri silencieux au cœur de la nuit. Elle s'inscrit dans la chair de l'histoire, comme une cicatrice indélébile. Une date comme un cri dans l'obscurité, une blessure ouverte sur l'histoire d'un homme qui porte en lui l'âme de la liberté. Ce

jour-là, Boualem Sansal, porteur de lumières et veilleur des libertés, fut privé de ses mouvements. Mais peut-on jamais enchaîner la liberté d'un homme qui embrasse l'univers ? Une prison n'est qu'une ombre, vite dissipée par l'éclat des idées. Boualem Sansal est un éclaireur des ombres, un écrivain des vents libres et un veilleur de nos espoirs vacillants. Il a été arraché à la lumière. Mais Boualem n'est pas un homme qu'on fait taire ; son esprit demeure, vivant et incandescent, comme une flamme indomptée. Boualem est bien plus qu'un homme, bien plus qu'un écrivain. Il est une rivière vive traversant les déserts de l'injustice. Ses mots, vibrants et révoltés, franchissent les frontières et sèment des graines d'éveil dans les esprits assoiffés de dignité et de lumière. Avec une plume trempée dans le feu de la vérité, il tend à l'Algérie et au monde un miroir impitoyable où se mêlent leurs failles et leurs promesses. Ses livres sont des constellations dans la nuit des oppressions, des appels à l'espoir et à la résistance. Ceux qui cherchent à éteindre cette lumière ignorent que l'étoile brille plus fort dans l'obscurité.

Boualem Sansal est une lanterne dans les ténèbres, un souffle qui refuse de s'éteindre. Ses livres sont des rivières qui irriguent le désert de l'oppression, des chants de résistance gravés à l'encre de la dignité. Cet écrivain est bien plus qu'un nom sur la couverture de livres. C'est un chant, un écho profond qui résonne dans chaque cœur épris de justice. Ses mots, traduits aux quatre coins du monde, sont des cris de liberté, des boussoles pour ceux qui refusent de se perdre dans les méandres du silence. Ils portent les rêves brisés d'une Algérie qui, hier encore, croyait à la promesse d'une indépendance lumineuse. En traduisant ses colères et ses espoirs, Boualem a tendu un miroir à son pays, un miroir que les tyrans refusent de regarder. En les lisant, on entend la voix d'une Algérie qui ne veut pas se taire, une Algérie qui refuse de laisser les ombres s'emparer de ses rêves. Pourtant, c'est bien dans ce miroir que nous devons nous plonger. L'arrestation de Boualem n'est pas un acte isolé ; elle est le symptôme d'une répression systématique, l'expression brute d'un pouvoir qui s'effrite sous le poids de sa propre cruauté. Cet homme, dont la plume traverse les frontières, fait face à des geôliers aveuglés par leur haine de la pensée libre. Mais ils n'ont pas compris que l'écho de ses mots résonne bien au-delà des murs de sa cellule.

Je me souviens de Boualem comme d'un ami à l'humanité débordante, un homme dont la générosité et l'enthousiasme illuminaient chaque moment. Je l'ai connu dans la douceur des soirées parisiennes, entre des rues qui portent encore la mémoire de tant d'écrivains. Une nuit, après un dîner dans une petite pizzeria de Saint-Germain-des-Prés, il m'avait demandé de marcher un peu avec lui pour l'accompagner jusque vers la rue du Bac. « Encore un détour, » m'avait-il dit, comme s'il cherchait à repousser l'instant de la séparation. Mais arrivé à destination, c'est lui qui, inquiet de me laisser partir seul, a décidé de me raccompagner au métro. Arrivés à la station Odéon, il me demande de nouveau de l'accompagner jusqu'à la rue du Bac. Une danse d'allers-retours, écho de son élan généreux et de son infatigable souci des autres. « Mais, cher Boualem, nous n'allons pas passer la nuit à nous raccompagner. Nous nous verrons bientôt avec grand plaisir » lui ai-je répondu. Et ce jeu d'allers-retours, ce souci de l'autre, était toute l'essence de Boualem : une chaleur humaine si rare qu'elle semblait contenir le monde. À chaque pas, il partageait des souvenirs, des réflexions, des éclats de rire. Un homme de générosité, d'amitié, dont la chaleur humaine réchauffe encore mes pensées.

Un autre soir, après un repas trop copieux, le ventre déjà comblé, il avait aperçu une cabane à crêpes. Il s'écria avec des yeux d'enfant : « Une crêpe, ça te tente ? » « Mais, cher ami, nous venons de nous goinfrer ! » avais-je protesté. Il avait éclaté de rire : « Ça n'a rien à voir, ça me fait plaisir. » Nous avons donc pris une crêpe chacun et chaque crêpe coûtait 5 €. Au moment de payer, Boualem sortit un billet de 5 € et le donna au commerçant qui attendait le supplément mais Boualem, croyant avoir tout payé, s'apprêtait à partir. Je lui ai dit « cher ami, c'est 5 € l'unité, alors sors encore un autre billet. » Il était mort de rire. Sa joie enfantine me faisait tellement plaisir. Cette joie simple, ce bonheur de l'instant, faisaient de Boualem un compagnon unique, un homme dont la lumière humaine égale celle de son écriture. Tout en lui était cela : le plaisir simple, le partage, l'émerveillement des petites choses.

Un jour d'hiver à Bruxelles, je lui avais demandé dans quel hôtel il était descendu. Lorsqu'il m'a répondu « près de la gare », je l'ai interrogé : « laquelle ? » Avec son étonnement candide, il s'exclama : « mais ne me dis pas qu'il y a plusieurs gares à Bruxelles, Kamel ! » « Si, Boualem ! Non seulement il y a plus de gares à Bruxelles, mais Bruxelles est beaucoup plus grande que Paris. »

Ces instants simples, marqués par sa spontanéité et son humanité, sont des trésors que ni les barreaux ni l'oubli ne pourront voler.

Toujours sur le plan personnel, Boualem avait cette manière unique de transformer chaque échange en un îlot de douceur, un refuge où l'amitié effaçait, l'espace d'un instant, la rugosité du monde. Nos courriels étaient des respirations dans l'agitation du quotidien, empreints d'une chaleur qui faisait oublier, ne serait-ce qu'un peu, les ombres qui nous entouraient.

Il écrivait avec cette élégance si naturelle, mêlant tendresse et lucidité. Boualem avait cette manière unique de transformer chaque échange en un refuge de douceur. Ses courriels étaient des oasis dans le tumulte du quotidien. Lorsque je tardais à lui répondre, il me demandait avec sollicitude : « Est-ce que tu as des soucis, Kamel ? ». C'était là tout Boualem, cet homme qui, même au milieu des tumultes, tendait une main, une pensée, un sourire. Boualem était aussi un tisseur de ponts, ses courriels n'étaient jamais de simples messages, mais des embrassades d'amitié, des éclats d'humanité. Ses mots portaient la chaleur d'un asile, la délicatesse d'une présence bienveillante. Je garde en mémoire ses vœux empreints d'humour et de tendresse, où se côtoyaient la gravité des prophètes et la légèreté des poètes.

Lorsque son roman *Le train d'Erlingen ou La métamorphose de Dieu* est paru, je l'ai lu et je n'ai pas pu m'empêcher de le recenser pour *Le Matin d'Algérie*. Boualem est tombé sur mon texte et, le vendredi 8 février 2019 à 22 h 43 très précisément, j'ai reçu ce courriel dans lequel il me disait, comme un clin d'œil à notre amitié :

« Cher Kamel

Ta critique du *"Train d'Erlingen"* parue dans *Le Matin* est tout simplement sublime, tu as su rendre toute la complexité du roman. Tu l'as fait si intelligemment que tous ceux qui vont lire ta critique vont être pris d'une envie folle de lire le roman.

Mille mercis. J'espère qu'on se verra très vite.

Je t'embrasse

Boualem »

Athée parmi les athées, il s'amusait parfois à parsemer ses vœux de références bibliques, comme pour brouiller les pistes ou peut-être, tout simplement, pour nous rappeler que les symboles transcendent les convictions.

Ses mots, empreints de mélancolie et d'humour, portaient une vérité simple : même dans le désert, on peut espérer. Boualem voyait dans la persistance du geste – écrire, parler, rêver – une manière de ne jamais céder à l'aridité du monde.

À travers ces lignes, il me tendait un miroir, un reflet de l'engagement qui nous liait. Mais il ne s'agissait pas seulement de résister, de dénoncer ; il s'agissait aussi de trouver, dans la relation humaine, une lumière qui réchauffe. Ses mails n'étaient pas qu'un échange, ils étaient une ancre, un rappel que l'amitié peut être un rempart contre la tempête.

Boualem savait que les mots sont des armes, mais il savait aussi qu'ils sont des caresses. Il en usait avec une générosité rare, offrant dans chaque phrase un éclat de lui-même, une part de son humanité. Aujourd'hui, alors qu'il endure l'enfermement, je relis ses messages avec une émotion vive. Ils portent sa voix, ce souffle qui ne peut être étouffé.

Dans ces fragments de correspondance, je retrouve son rire, son intelligence, son ironie douce-amère. Je retrouve l'ami, le frère d'idées, celui qui, malgré tout, croyait à la possibilité d'un ailleurs. Ses mots résonnent comme une prière laïque, une incantation pour que le désert ne soit jamais un tombeau, mais un espace où les grues continuent de voler, porteuses de rêves et d'espoir.

Et moi, je les attends, ces grues. Je les guette dans le ciel, avec cette foi qu'il m'a transmise, une foi dans la force des liens, dans la beauté des idées partagées. Pour Boualem, pour tout ce qu'il a semé, je continuerai à prêcher dans le désert.

Mais maintenant, il est là, enfermé dans cette Algérie qui nous a vus naître et que nous avons aimée, que nous aimons toujours. Son esprit ne connaît pas les murs. Chaque mot qu'il a écrit, chaque idée qu'il a semée, germe dans des milliers d'esprits. Son combat n'est pas solitaire, car il a éveillé en nous la certitude que la liberté n'est pas un luxe. Elle est une flamme, fragile mais tenace, qu'on doit protéger contre vents et marées. Tandis qu'il endure l'enfermement, ses mots continuent de briser les chaînes. Boualem écrivait : « Quel meilleur moyen que l'espoir et le merveilleux pour enchaîner les peuples à leurs croyances, car qui croit a peur et qui a peur croit aveuglément. »[1] À travers les milliers de voix qui s'élèvent pour lui, une autre forme d'espoir et de merveilleux brûle encore. Chaque tribune, chaque publication, chaque manifestation est une boussole qui pointe

---

1. *2084 : la fin du monde*, Gallimard, 2015, 288 pages.

vers la justice, une lumière dans un paysage assombri par l'injustice. Je me souviens de ces moments où il parlait de la liberté comme d'une étoile qu'on suit dans les nuits les plus noires. Boualem Sansal nous a appris que résister, c'est refuser de détourner les yeux. Aujourd'hui, nous ne détournons pas notre regard, nous voyons. Nous voyons l'arbitraire, nous voyons l'oppression. Mais nous voyons aussi l'espoir, cette lumière fragile mais tenace, qui éclaire nos nuits les plus sombres. À travers les voix qui s'élèvent pour lui, son combat trouve des relais, ses idées des échos.

Dans ses livres, il a peint les ombres pour mieux révéler la lumière. Dans ses gestes, il a incarné cette fraternité qui ne connaît pas de barrières. Aujourd'hui, alors qu'il endure l'enfermement, nous portons son combat. Nous sommes ses voix, ses relais, et son message traverse les geôles pour éclater en un cri de solidarité.

Boualem Sansal n'est pas qu'un écrivain. Il est une étincelle dans les ténèbres, un souffle qui réveille ceux qui dorment encore. Il nous a appris que la liberté est une quête infinie, qu'elle demande du courage, de l'amour et une foi inébranlable en la dignité humaine. Boualem nous a enseigné que la liberté est une étoile que l'on suit, même dans la nuit la plus obscure. En luttant pour elle, il nous a rappelé notre devoir d'universalisme : ne pas détourner les yeux, ne pas céder face à l'injustice. Aujourd'hui, à travers les voix qui s'élèvent pour lui, son combat se poursuit. Tant qu'il y aura des êtres pour croire en l'égalité, la justice et la dignité, ses idées trouveront un écho.

Pour Boualem, pour ceux qu'il inspire, pour une Algérie qui ne courbera plus jamais l'échine, nous restons debout. Le nom de Boualem Sansal résonne dans nos cœurs, comme une promesse. Une promesse que nous tiendrons, quoi qu'il advienne. Nous ne renoncerons jamais à marcher. Et chaque pas sera un acte de révolte, une déclaration d'amour à la liberté.

NOUS PORTONS LE POIDS DES SILENCES
Kamel Bencheikh
écrivain

Pour mon ami Boualem Sansal

Nous sommes redevables
d'un souffle oublié, d'un pas effacé,
des ombres glissant entre hier et demain.
Nous sommes liés,
inévitablement,
à chaque faille, chaque écho,
chaque battement du monde qui vacille.

Tout nous atteint,
nous érode,
nous enferme dans le cercle invisible
de ce qui fut et de ce qui sera.
Tout nous nomme, nous dissèque,
nous absout pour mieux nous condamner.

Et pendant ce temps, ailleurs,
une feuille hésite avant de tomber,

un ruisseau se tait devant la pierre,
un homme, debout dans l'ombre,
cherche encore les mots
pour se justifier d'exister.

Et demain,
que ferons-nous du regard muet
de cet instant suspendu
qui déjà nous questionne ?

TEXTE DE SOUTIEN À BOUALEM SANSAL

Laurence Biava

écrivain

Je n'accepte pas l'emprisonnement incompréhensible et détestable de Boualem Sansal depuis le 16 novembre 2024 par le gouvernement algérien. Sansal est l'un des plus grands écrivains francophones, c'est un homme libre, qui doit le rester. Un homme libre comme l'est un marin, comme l'est un immense navigateur qui ne craint ni les houles imprévues ni les tempêtes. Sansal incarne le combat universaliste pour la liberté d'expression, il en est l'un des fiers porte-drapeaux, il est aux avant-gardes, comme d'autres, de ce combat voltairien pour les Lumières.

Son emprisonnement est une catastrophe absolue pour toutes les libertés: d'action, d'expression, de l'esprit. Les personnes attachées au combat pour la laïcité et pour l'universalisme ne doivent jamais cesser de parler de Boualem Sansal, figure littéraire et humaniste inoubliable.

Boualem Sansal est citoyen français depuis juin 2024. Il a été arrêté pour ses propos mettant en danger «l'intégrité territoriale de l'état algérien». Je n'accepte pas que l'on veuille faire taire Boualem Sansal pour cette raison précise, ainsi que celles et ceux qui lui apportent leur soutien. Je n'accepte pas la campagne de décrédibilisation qui accompagne nos soutiens. Je ne peux me faire à l'idée que cet homme malade et injustement détenu ait entamé une grève de la faim qui met ses jours en danger. Je n'accepte pas que son avocat français François Zimeray ne puisse pas obtenir de visa d'entrée pour lui rendre visite.

Boualem Sansal est un écrivain cher à mon cœur. J'ai lu tous ses livres, fantastiques, ingénieux, prophétiques, spirituels, passionnants. Ils méritent d'être lus, et leur auteur ne saurait être oublié.

Je parlerai de Sansal aussi longtemps qu'il me plaira, et sur le mode et à la fréquence qui me conviennent. M'importent peu les épidermies et éructations que mes propos pourraient susciter. Je parlerai de Sansal pour évoquer notre même combat contre l'islamisme et pour la laïcité ; ce faisant, c'est du monde qui nous entoure que je parle, un monde que je désire restituer tel qu'il est, dans son réalisme, selon ma vision, avec mes repères, ma graduation, ma sensibilité. Le monde tel qu'il m'apparaît, dans son opacité, dans sa complexité, dans ses reliefs, avec ses assauts.

Exiger la libération de Sansal est juste : ce diktat m'éloigne de la mélancolie que provoque et amplifie ma désolation. Je parlerai de Sansal pour apporter ma pierre à cet édifice que sont tous les exigeants parcours mémoriels. Je parlerai de Sansal parce que je sais combien la liberté d'un écrivain vaut plus que tout au monde. Je parlerai de Sansal parce que je suis un être réactif et brûlant, incapable d'être indifférent aux vicissitudes de ce monde. Je parlerai de Sansal pour mesurer avec acuité et passion l'ambivalence des individus qui nous gouvernent. Je parlerai de Sansal et de ses livres comme je parle continuellement de littérature, avec le sentiment de nourrir mon cerveau et mon âme tout entière. Je parlerai de Sansal pour ne pas sombrer. Je parlerai de Sansal pour mener à bien la cause noble qui est celle de sa liberté et de sa libération. Je parlerai de Sansal parce que je possède le même idéal que lui. Je parlerai de Sansal parce que je l'ai décidé.

UNE ATTEINTE
À LA SÛRETÉ DE L'ÉTAT...
Éric Brogniet

poète

N'oublie jamais la jeunesse malgré
Sa grande jeunesse [...]
Elle a horreur des horreurs
Ahmed Azeggagh (1942-2003)

Une atteinte à la sûreté de l'État
Vaut-elle une atteinte à l'intégrité d'un homme ?
Car c'est l'homme qui donne corps à l'État
Qui est une communauté d'hommes
Et qu'est-ce que la sûreté de l'État
                            [sinon l'homéostasie
D'un ensemble de fables que l'on désigne
                            [être l'Histoire
Et *qu'advient-il quand le réel n'est pas une fin*
Mais l'exclusif instrument de sa représentation ?
La réalité de l'Histoire a besoin d'une correction
La littérature lui oppose son *mentir-vrai*
La recherche d'une éternelle Ithaque sur la carte

D'un monde en perpétuelle mutation
Toute frontière est une prison si elle ne sert
                                        [à être traversée
Un corps n'est vivant que par un transfert
                                        [mitochondrial
Et toute prolifération anarchique des cellules génère
                                          [un cancer
Aux figures du stable que sont le clergé, le juriste
                                        [et le politique
Il y eut toujours à l'origine de leur fonction
                                      [une figure instable
L'explorateur de l'outre-là et des terres inconnues
                                        [de la création
C'est à elle, qu'on appelle prophète ou poète,
                                       [qu'elles doivent d'exister
Quand le stable se coupe de l'instable,
                                       [tout corps social se sclérose
Quand le livre oublie qu'il est le fruit du désert,
                                       [de l'écart et du silence
Il devient dogme et comme le corps dans son destin
                                       [déshérent il meurt

MA PROTECTION
Carino Bucciarelli
écrivain

A FIN d'assurer ma protection, on m'attacha un policier dont le rôle était d'éloigner tout risque d'agression. On se rendit cependant bien vite compte qu'un seul homme ne pouvait à lui seul garantir ma sécurité. Il devait, en effet, comme tout être humain, s'éloigner pour dormir, voyager, ou assurer la protection de sa propre famille. Un deuxième policier fut désigné pour parer aux absences de son collègue. Lui-même ne pouvait passer le plus clair de son temps à la fonction pour laquelle on le payait, et cela est tout naturel, il devait lui aussi dormir, voyager et assurer la protection de sa propre famille. Ainsi, à force d'ajouter et ajouter encore des hommes destinés à éviter que l'on attente à ma vie, ils furent bientôt deux cents commis à cette tâche. Personne dans le comité de gradés n'avait pris en compte le fait qu'il aurait fallu affecter une heure de repas différente pour chaque garde. Les deux cents hommes engagés à ma protection déjeunaient et dînaient au même moment. je me trouvais donc en état de vulnérabilité deux fois par jour, et le terroriste envoyé pour me tuer à la suite d'un blasphème dont je ne me souvenais même plus eut tout le loisir de m'assassiner. Que l'on rattrapât par la suite le criminel et qu'on le tuât impitoyablement d'une rafale de mitraillette ne me rendit pas la vie.

TOUT LE MONDE S'EN FOUT

Benoît Coppée

écrivain

Depuis des jours, je cherche les mots à déposer pour témoigner mon soutien à un confrère, écrivain, détenu dans les geôles algériennes depuis trois mois. Boualem Sansal. Une plume parmi les plus vibrantes de notre siècle. Un scientifique, auteur sur le tard. Poursuivi pour atteinte à la sûreté de l'État. Pour des mots, des idées.

Alors que j'avais choisi ce dimanche pour m'asseoir et écrire, j'apprends, tôt ce matin, que Boualem Sansal a entrepris une grève de la fin. Lapsus. Je me reprends. Une grève de la faim. Hospitalisé à plusieurs reprises depuis son arrestation, l'homme est malade, apprend-on. Atteint d'un cancer, dit-on.

Je suis Boualem Sansal.

Tout le monde s'en fout.

Avant d'écrire, j'ai écouté nombre de ses interviews. Sur mon bureau, lu, relu et stabiloté *Lettre d'amitié, de respect et de mise en garde aux peuples et aux nations de la terre.* Le livre est taché. Une tasse de café est venue se renverser sur un bout de sa tranche. J'aime les livres qui vivent. J'attends de lire *Le Village de l'Allemand, Poste restante : Alger, Vivre…* Quand j'aurai le temps.

Ce matin, j'ai posté, sur mes réseaux sociaux, la difficile information de la grève de la faim d'un homme épris de liberté et l'arrêt de tout traitement médical à son égard. Ma publication a récolté six « likes » jusqu'à présent. Trente fois moins que la photo d'un ami exhibant un Spritz, rondelle d'agrume, soleil couchant, couleur orange, paille, bulles, gouttelettes le long du verre… Passage, en vitesse, clic! par la « Une » du journal Le Soir, quotidien le plus populaire en Belgique – parle-t-on de Boualem Sansal? Le Soir, en son premier titre, déroule : *Andi Zeqiri buteur face au Club de Bruges : « Le Standard mérite cette victoire ».* Du football. Merveilleux…

Nous fonçons droit vers un mur. Nous le savons. L'allure de notre course s'intensifie. Exponentielle. De mois en mois. De jour en jour. D'heure en heure. L'Ombre brune plante ses griffes dans nos chairs. Hommes, femmes, enfants. Partout.

Ici, dans mon pays, en Belgique, deux heures cinquante-cinq de vol entre Bruxelles et Alger, un nouveau gouvernement vient d'être constitué. On fustige les Poètes, on envisagerait de supprimer le ministère de la Culture, on situe les organisateurs du festival Esperanzah, musiques du monde, musiques alternatives et engagement social, au rang de «gauchistes déblatérant une bouillie pseudo-intellectuelle».

Affadis, sommes-nous, par trop d'Ombre brune. Chez vous. Là-bas. Ici.

Oh, Monsieur Sansal…

En écrivant «Chez vous», voilà que je m'adresse à vous. Directement. Comme si ma voix, soudainement, pour trouver les mots, devait se faire plus intime, se glisser contre votre joue creuse, dans votre chambre d'hôpital à Alger, vos lèvres sèches, vos peaux cartonnées, vos jambes maigres, vos pieds, vos yeux vides, vos draps…

Mon texte n'aidera en rien la tenue du procès équitable qui serait la seule façon de vous extraire des accusations portées à votre encontre.

Ma voix ne comptera pour rien.

Comme vous, Monsieur Sansal, quelque chose d'inconfortable dans mon cœur se porte, depuis que je suis petit, vers des valeurs d'humanité et d'universalité. Je ne supporte pas la prise de pouvoir d'un individu sur un autre. Je ne supporte pas que l'on puisse priver de liberté un être humain pour des paroles, des pensées ou des livres.

Comme vous, je crains l'argent, la religion, le fast-food et les jeux d'arène. Comme vous, j'aimerais que nous construisions une Constitution universelle. Oui, *la République des hommes libres existe, il suffit d'y croire*. Je ne sais pas d'où me vient cette structure interne. Comme je ne sais pas d'où vient la structure interne de celles et ceux qui cherchent à imposer leurs règles à coup d'enfermement et de meurtre.

Je ne sais pas d'où vient le silence des femmes et des hommes qui m'entourent dès lors que j'observe, sur mes réseaux, que la photo d'un Spritz récolte maintenant deux cents fois plus de « likes » que l'annonce de votre souffrance.

Je ne sais d'où vient cette indifférence.

Parfois, je me dis que c'est de la connivence.

En vérité, je ne crois pas à l'indifférence.

Face aux régimes totalitaires, quatre options.

Soit on s'exile. Erika Mann. *Quand les lumières s'éteignent*. Roman publié en 1940. Le livre met en lumière le climat de répression et d'incertitude sous le régime nazi. Erika Mann a dû fuir son pays.

Soit on meurt. Victor Jara. Figure de la nouvelle chanson chilienne. *Te Recuerdo Amanda*. Des textes engagés pour dénoncer injustices sociales et politiques. Arrêté, torturé et exécuté. Estadio Nacional de Chile. 16 septembre 1973.

Soit on nomme et on prend des risques. Vous. Celles et ceux qui vous apporteront leur soutien. Moi, peut-être.

Soit on se tait, on ne dit rien, on bouffe des Burgers et on collabore.

Je vous écris depuis trois heures. Je fais partie de la troisième catégorie. Celle des gens qui nomment. Avec mes mots de poète à deux sous. Pour tenter d'éveiller. Pour tenter d'éclairer. Le mur qui diffuse sur nous l'Ombre brune, je le vois.

Plus tard, ce soir, je ferai partie de la quatrième catégorie. Celle des gens qui collaborent. Je n'irai pas mener une grève de la faim devant le Parlement de mon pays. Je mangerai un repas coquet dans une maison confortable. Je boirai un verre de rhum.

Peut-être deux. Dans un bain. Avec de la mousse. Avec des savons doux. Poétisant sur l'avenir de l'Humanité. Réfléchissant à ma prochaine destination de vacances. Pestant sur mes problèmes d'argent, de copropriété, d'imprimante qui cale ou de diabète. Pendant que les griffes s'enfoncent plus profondément dans nos peaux.

Monsieur Sansal, je vous présente mes excuses pour ne pas être en mesure de vous aider plus. Vous êtes l'objet d'un conflit politique. Vous n'êtes plus un sujet. Pris dans un étau, entre la France et l'Algérie. L'humain disparaît. Nous sommes pauvres à combattre, de nos plumes, les Destructeurs au-dessus de nous. Nous ne sommes rien. D'autres ont essayé. Quand c'est fichu, c'est fichu. Quand on est entré dans les Ténèbres, on sait qu'il faudra y rester longtemps.

Ce que je peux faire, et c'est peut-être une manière de vous aider finalement, c'est parler de votre combat en vos lettres et noblesses à mes enfants. À travers vous, mes mots travaillent à sensibiliser les gens que j'aime et qui m'aiment. Leur dire, comme je peux, ces Ténèbres déposées pour nous engloutir. Grâce à vous, ma voix m'éveille. Grâce à vous, ma voix éveille. Dans un cercle restreint. C'est déjà ça.

Votre douleur est le détonateur de ma parole intime et plurielle.

Alors.

Outre les vôtres qu'il s'agit de lire, acte de résistance, deux ouvrages me viennent à l'esprit.

Indignez-vous! de Stéphane Hessel. Manifeste sur la manière de lutter contre les injustices et sur l'efficacité de l'indignation en tant que moyen de transformation sociale.

Résister de Salomé Saqué. Expression d'une logique de résistance contre les systèmes politiques et économiques injustes et contre la résignation et le fatalisme.

Nous n'avons pas le choix.

Chez vous. Là-bas. Et ici.

Lire.

Écrire.

Vous prônez « La Littérature, pas la guerre ». Je pense à vous, Monsieur Sansal. Dans votre chambre d'hôpital. Interdit, dans un pays que vous aimez. Le pays de vos premiers pas. De votre maman lettrée. De votre papa agricole. Le pays de vos courses dans le soleil et le sable d'or. Le pays d'Albert Camus. Le pays de votre drame : « Enfant maudit de l'Indépendance ».

Votre amie Laure Adler défendait votre Lumière, il y a quelques jours, sur les ondes de France Inter : « Les écrivains sont des vigies allumées dans cette nuit d'incertitude qui est en train de s'avancer ».

Mais tout le monde s'en fout.

J'AI ÉCRIT LIBERTÉ

Ludovic Delory

auteur

J'AI voulu peindre le mot « liberté » sur les murs du parc communal.
La police m'en a dissuadé : je risquais de connaître un destin de voyou.

J'ai voulu écrire « liberté » dans les colonnes d'un journal.
L'éditeur responsable a jugé mon message clivant.
Il craignait de perdre des lecteurs et des actionnaires.

Alors j'ai posté le mot « liberté » sur les réseaux sociaux.
Un algorithme piloté depuis l'Asie a supprimé ma publication, car elle ne répondait pas aux standards de la communauté.

À la tribune du Parlement, je suis allé scander « liberté ! ».

Tollé dans les travées. Les vigiles m'ont pris le bras, ligoté, interrogé, puis incarcéré.

Ils m'ont dit que la liberté était dangereuse, car elle ne correspondait pas à leurs valeurs. Insaisissable, elle n'entrait pas dans la grille de lecture des décideurs.

La liberté ne méritant pas les hommes, je suis parti à sa recherche dans les prairies gonflées de vent, sur les plages touchant l'horizon, dans les montagnes frôlant le ciel.

J'ai sifflé « liberté » au pied d'un arbre. Les pinsons, les grives et les mésanges, en chœur, s'en sont allés porter le message par-delà les vallées.

J'ai gravé « liberté » dans le sable, pour que la marée s'empresse de la recouvrir d'eau salée, de coquillages et de débris de verre.

J'ai pissé « liberté » dans la neige fraîche. Aussitôt, des ruisseaux jaunes ont figé mon œuvre jusqu'à la fin des gelées.

Quand, du haut de la montagne, mon cri (« liberté ! ») s'est échappé de ma gorge, l'écho l'a propagé dans l'azur. Ricochant sur les nuages, il m'est revenu de gauche, de droite, de partout... Missionnaire effronté de mes espoirs, il s'est immiscé dans chacune de mes veinules, prêt à me donner la force de résister.

Mais j'étais seul. Personne, semble-t-il, n'était là pour m'entendre.

Parce qu'elle échappe à l'entendement des hommes, la liberté est naturelle. Elle déshabille ses ennemis, les montre nus, révèle leur vanité. Elle ne s'approprie pas, refuse tout corset, coule entre les doigts comme du sable fin.
Sillons, rivières, tramontane et plumes sont ses principaux vecteurs. Nul besoin de filet pour la cueillir ; elle dort, l'essentiel du temps, d'un sommeil si profond que seule une catastrophe la réveille. Et c'est bien là son seul malheur.

AUTOUR DE L'ÉMISSION DE

PEN BELGIQUE (11/02/2025)

POUR LA LIBÉRATION DE BOUALEM SANSAL

Claire de Oliveira

maître de conférences à la Sorbonne, traductrice

Lors d'un dîner à l'ambassade d'Allemagne qui réunissait les membres de l'Académie franco-allemande, j'ai pu m'entretenir longuement avec mon voisin de table – Boualem Sansal. Notre conversation a porté sur divers sujets de littérature, et notamment sur son livre « Le Village de l'Allemand » qui a suscité mon intérêt par sa dénonciation courageuse de toutes les formes de violence extrémiste. Sa mise en parallèle du national-socialisme et de l'islamisme a pu choquer les autorités algériennes qui se sont sans doute méprises sur le sens d'un propos à visée universelle, se situant bien au-delà des clivages nationaux ou religieux pour promouvoir une meilleure acceptation de l'altérité – et faire évoluer l'islam de manière positive dans le monde d'aujourd'hui.

La liberté caractérise tant la personne que l'œuvre de Boualem Sansal. Son actuelle incarcération résulte d'un contresens sur la signification de ses écrits. Enfermer un auteur ayant un idéal de bienveillance et de tolérance, lauréat de nombreux prix dont celui de l'Académie française, de la francophonie, et le prix de la Société des Gens de lettres, c'est porter atteinte aux valeurs les plus fondamentales de l'humanité. Il reste à espérer que le gouvernement algérien sache mieux comprendre l'audace salutaire de cet auteur engagé, et revenir sur une décision qui choque profondément la plupart des intellectuels européens.

POÈME POUR L'HOMME QUI ÉCRIT

Claude Donnay

écrivain et éditeur

C'est un petit matin gris
un matin de fleuve et de brume
où le café sert de bouée
pour ne pas couler
un matin gueule de bois où le monde
brûle nos oreilles à force
de crier pour ne rien dire

Les mains sur ma tasse
je pense à l'homme
que le soleil ignore
à l'homme dans sa cellule
qu'un chant d'oiseau tire de sa torpeur
je pense à cet homme
enfermé menotté muselé

La vérité
quand elle a goût d'encre et de papier

pèse sur l'estomac des potentats
qui tentent de l'étrangler
serrent vis et boulons
en hurlant au terrorisme
pendant que nous ajoutons un sucre
au café du jour

C'est un petit matin gris
où écrire s'avère plus lourd
que le brouillard sur le fleuve
Les mots sont des pierres taillées
de la main et du cœur
pour construire des cathédrales
des ponts, des maisons avec
des fenêtres ouvertes sur le ciel
ou des prisons pour y enterrer la lumière
Les mots sont des cailloux
qu'on jette à la face des insolents
et des menteurs
des dictateurs écervelés et des prophètes
de tous poils
ces gens qui portent bâtons et certitudes
ces gens de pouvoir assis sur des trônes
dorés à la misère et aux croyances rigides
comme des lames de sabre

Pourquoi au gris d'un matin
écrire des mots que la terre boira sans les lire ?
Raconte-moi une histoire pour m'endormir
pas pour me réveiller
Je veux dormir sous ma couette d'indifférence
des romances plein la tête
du rose à oublier les murs de haine

Les mots qui brûlent le ventre
s'éteignent dans la nuit des prisons
telles des lucioles apeurées
Le petit matin n'en est guère plus gris
et la conscience à peine altérée

L'homme qui écrit
pourrit là-bas au loin dans la solitude
entre des murs aveugles et des insultes
L'innocence n'a plus de sens
quand la vérité dérange
quand elle explose entre les pages d'un livre
qu'on ne peut étrangler à mains nues

Faut-il se taire
le nez dans la grisaille et le café ?
Faut-il oublier l'homme exsangue
jeté au fonds du puits
sans plus droit à la parole
et tourner en rond dans le jardin
entre les courges et les potirons ?
Les légumes et les humains diffèrent à peine
s'ils ne peuvent essaimer à leur gré

Trop de crânes poussent dans les potagers
semés par des geôliers
à la solde des bien-pensants
détenteurs d'une vérité créée de toutes pièces
pour asseoir leur soif de puissance
Les brebis bêlent
tondues jusqu'à l'os sans jamais
lever la tête
chaque matin et jusqu'à la fin des fins

L'homme qui écrit
l'homme revêtu des mots qui brûlent
dans sa tombe verrouillée
ne devrait craindre le gris des matins
levons-nous comme une armée de cailloux vengeurs
chaque livre est un soleil qui nourrit le ciel
chaque homme qui écrit
un éclair entre les gouttes

Ne lâche pas la main de celui qui verse
dans le fossé
de celui qu'on tente de noyer
dans le mensonge et l'opprobre
l'homme qui écrit de ta main
pour tourner les pages de sa vie

L'ÉCRIVAIN ET L'ENFANT
Françoise Duesberg,
écrivain

L'ÉCRIVAIN est à son bureau, songeur.
Il regarde longuement une photo, adossée à la jacinthe en pot qui est sur le point de fleurir.
Il prend son bloc-notes, écrit un mot, le rature, repose sa plume. Il n'a même pas allumé son ordinateur, à quoi bon ?
L'enfant frappe à la porte, comme on le lui a appris. On ne dérange pas grand-père quand il travaille.
— Entre, mon poussin, dit l'écrivain.
L'enfant se jette sur lui, grimpe sur ses genoux.
— C'est qui ? demande l'enfant en montrant la photo.
— Un écrivain, répond-il.
— Comme toi alors ?
— Oui.

— Il a l'air vieux. Vieux comme toi. Mais lui, il a encore beaucoup de cheveux. Il en a tellement qu'il doit les attacher en queue de cheval.

Nous avons le même âge, pense l'écrivain. Moi, je mène une existence pépère, je profite de la vie, je raconte mes histoires. Tandis que lui…

— C'est ton ami ? demande l'enfant.

L'écrivain ne répond pas. Comment lui expliquer ? Que cet homme est en prison, qu'il n'a commis aucun crime, pas même un méfait, qu'il est condamné pour ses idées, pour avoir osé les exprimer dans un pays dictatorial ? Il n'est pas son ami à proprement parler, il ne l'a jamais rencontré, mais il a lu plusieurs de ses romans, il connaît et partage ses prises de position courageuses, sa dénonciation des fondamentalismes, du terrorisme, de toutes les dérives de la religion.

— Oui, c'est mon ami, il écrit de beaux livres, c'est un homme bon et courageux, on lui a fait du mal, je dois le soutenir.

Quand il a appris son arrestation, les images qui lui sont venues étaient celles des moines de Tibhirine dans le film *Des hommes et des dieux*. Ils sont pris entre leur conscience du danger qu'ils courent en restant en Algérie en pleine guerre civile et leur devoir de ne pas abandonner les villageois. Ils veulent continuer à aider les plus pauvres, à soigner les malades, à protéger les enfants. Ils décident de rester. Ils seront assassinés par les djihadistes. S'ils revenaient sur terre près de trente ans plus tard, pense l'écrivain, ils seraient horrifiés devant la montée des fascismes et des régimes dictatoriaux, la presse muselée, les femmes asservies, le creusement des inégalités, les guerres absurdes, le triomphe de la finance et du business. L'intolérance, le mensonge et la haine qui se répandent telle une marée noire.

L'enfant se met à gigoter, il s'impatiente. L'écrivain l'installe à la table basse, écarte les piles de livres, lui donne du papier et des crayons.

— Tu veux bien faire un dessin pour mon ami ?

L'écrivain reprend son bloc-notes, sa plume. Il commence : *Très cher Boualem...* Jamais celui-ci ne recevra la lettre dans la geôle où il croupit, l'écrivain la publiera dans la presse.

L'enfant le tire par la manche.

— Regarde, grand-père.

Des personnages en cercle se tiennent par la main, des hommes, des femmes, des enfants, des blancs, des noirs, des chauves, des chevelus, avec ou sans chapeau, avec ou sans voile. Au centre de la ronde brûle un feu. Un feu de joie, pense l'écrivain.

LE JOUR DE LA LIBÉRATION DE BOUALEM SANSAL
Geoffroy Fierens

Note préliminaire : comme le lecteur l'aura peut-être compris, les termes en italiques font référence au roman de Boualem Sansal *2084 La fin du monde*. L'*Abistan* est le cadre de son action, *Ati* et *Koa* sont deux de ses personnages, et le vocabulaire est celui de l'*Abilang* que parlent, très logiquement, les habitants de l'Abistan.

O ù nous apprenons comment l'ensemble du monde et bien sûr l'*Abistan* autorisent aujourd'hui à penser librement.

Il fait un temps superbe sur *l'Abistan*. Le ciel est vierge de tout nuage. *Ati* et *Koa,* ainsi que de nombreux autres Abistanais ont fait le déplacement à *Quodsabad* : tant de *nadirs-journaux* publiés en *Abilang* l'ont annoncé. Il va être libéré.

En ce jour béni, cette multitude rassemblée fait penser au *Jobé*. Le murmure de la foule se fait entendre, et la rumeur couvre les battements de cœur et les respirations inquiètes de nos deux amis.

Au loin, les montagnes de l'*Ouà* laissent apercevoir leurs sommets enneigés, ces cimes qui contemplent les hommes et leurs idéologies. La nouvelle s'est répandue dans toutes les *mockbas*.

Tout le monde est au courant. Il se chuchote même que certains *makoufs* comptent parmi les spectateurs de l'événement qui s'annonce. Il sera libéré dans trois quarts d'heure, trois longs quarts d'heure que ces citoyens avides de justice occupent par la méditation ou la prière.

Des enfants jouent au ballon et au cerceau, le cœur plein d'insouciance. Ils sont sans le savoir cet avenir pour lequel il se bat.

Cette libération tant attendue est-elle le fruit d'une volonté d'afficher de la grandeur d'âme ? Ou s'agit-il d'une manœuvre de stratégie politique ? s'interrogent quelques femmes.

Mais voici que deux hommes s'avancent, des membres de la *Juste Fraternité*. Chacun d'eux porte un *burni* et tient un *Gkabul* dans les mains. Ils psalmodient en *Abilang* et profèrent des imprécations contre ce qu'ils nomment *l'extérieur*. Ils justifient leur choix d'appartenir à la *Juste Fraternité*, face à cet autre choix de libérer le prisonnier.

Dans l'assistance, tous tendent l'oreille pour comprendre ce que les microphones retransmettent si mal. L'agressivité et la violence de leurs propos ne font aucun doute.

Mais le grand nombre des gens présents y fait contrepoids, solidaire, homogène, compact.

Mais voici que l'on amène, enfin, un homme frêle, d'apparence fatiguée. C'est lui! on le reconnaît sans peine à sa longue chevelure grise, aux rides de son visage qui, malgré les épreuves qu'il a traversées, laisse transparaître la paix de son âme, en même temps qu'une énergie intacte.

La foule scande son nom. Les deux représentants de la *Juste Fraternité* se regardent; ils ont compris qu'ils ne pouvaient rien, face à la volonté populaire.

C'est à présent Boualem Sansal qui tient le devant de la scène. La force du peuple est son passeport vers la liberté.

Car, enfin, il est libre. Nous pouvons dormir tranquilles.

MON AMI, LE TRAÎTRE

Nadia Geerts

écrivain

« *La liberté d'expression constitue l'un des fondements essentiels d'une société démocratique, l'une des conditions primordiales de son progrès et de l'épanouissement de chacun. Sous réserve des restrictions mentionnées, notamment dans l'article 10 de la Convention européenne des droits de l'homme, elle vaut non seulement pour les informations ou les idées accueillies avec faveur, ou considérées comme inoffensives ou indifférentes, mais aussi pour celles qui heurtent, choquent ou inquiètent l'État ou une fraction quelconque de la population. Ainsi le veulent le pluralisme, la tolérance et l'esprit d'ouverture sans lesquels il n'y a pas de société démocratique.* »

Cet extrait du fameux arrêt *Handyside*, prononcé par la Cour européenne des droits de l'homme (CEDH) le 7 décembre 1976, continue près d'un demi-siècle plus tard à servir de guide précieux en matière de liberté d'expression. L'expression d'idées, en effet, ne devrait jamais mener un individu en prison. Et s'il existe malgré tout des limites juridiques, en démocratie, à la liberté d'expression, celles-ci n'ont pour but que de préserver d'autres droits et libertés. Ainsi conçoit-on que les appels à la haine, la calomnie ou la diffamation puissent être réprimés.

Mais qu'a dit ou fait Boualem Sansal qui puisse justifier son arrestation, le 16 novembre dernier, et son emprisonnement depuis lors, dans des conditions à tout le moins préoccupantes ?

En 1967, Guy Béart chantait que «Celui qui dit la vérité doit être exécuté». Et en effet, il semble bien que ce qui est reproché à Boualem Sansal, ce n'est rien d'autre que cela : avoir dit la vérité, par exemple en déclarant sur Arte en janvier 2024 que «l'Algérie est une dictature d'islamisme, un intégrisme terrible».

Car seule une dictature considère comme relevant des *actes terroristes ou subversifs visant la sûreté de l'État, l'intégrité du territoire, la stabilité et le fonctionnement normal des institutions* le fait qu'un écrivain puisse exprimer pacifiquement son désaccord sur quelque sujet que ce soit – frontières, régime politique, religion, etc. – sans jamais inciter à la haine de qui que ce soit, ni franchir une quelconque autre des limites que les démocraties mettent à la liberté d'expression.

Comment s'étonner dès lors qu'un esprit libre tel que Boualem Sansal ait adopté la France, au point de choisir de prendre la nationalité française en 2024 ? Peut-être est-ce cela, finalement, que l'Algérie ne peut accepter ? Derrière l'accusation grotesque de subversion se profile ainsi celle de trahison. Ce que dit l'Algérie à Boualem Sansal en le maintenant en détention, c'est «Tu nous appartiens. Toi qui, ô suprême arrogance, te pensais libre, nous allons te rappeler quel pouvoir nous avons sur toi. Celui de te faire taire, celui de t'isoler, celui de te briser. Car en réalité, tu n'es qu'un traître.»

Il n'y a pas de liberté possible, pourtant, sans possibilité de trahison : changer de pays, adopter une autre langue d'expression, tourner le dos à la religion qu'on vous a inculquée, privilégier d'autres valeurs que celle du clan, dénoncer au lieu de se soumettre. Trahir, en cela, est parfois la seule manière de rester fidèle à soi-même. Et n'en déplaise au pouvoir algérien, c'est cela seul qui fait la grandeur d'un homme. Celle de Boualem Sansal.

QUOI ? OÙ ?

Pierre Guilbert

écrivain

MONTRÉAL, 2000. Je suis invité à prendre la parole au *Festival international du nouveau cinéma et des nouveaux médias.* Je profite d'un break pour assister à une séance de trois films de Samuel Beckett. À part «*En attendant Godot*», je ne connais rien de Beckett. Et pour tout dire, j'ignorais qu'il avait aussi réalisé des films.

Juste avant le début de la séance, le programmateur du festival se pointe devant la salle comble et annonce qu'il n'a pas reçu tous les films qu'il avait demandés. «Le premier que vous allez voir, précise-t-il, je ne l'ai jamais vu. Tout ce que je sais, c'est qu'il s'appelle "Was Wo" et qu'il dure 17 minutes… Bonne séance!»

Les lumières s'éteignent et *Was Wo* (*Quoi Où* en français) commence. L'écran est gris, sombre, quasi ton sur ton dans le noir de la salle. Rien ne se passe.

Une minute, deux minutes, c'est long et lent dans une salle obscure. Et puis, tout d'un coup, un sous-titre jaune nous flashe pendant qu'on entend une voix laconique en allemand : « Le temps passe ». Et puis silence et gris triste dans le noir. On sent déjà la gêne dans la salle. Quelques toux discrètes, des fesses qui bougent sur les sièges. Une ou deux minutes plus tard, c'est-à-dire une éternité après, la même phrase est chuchotée, sous-titrée flashy. Des petits rires nerveux l'accueillent. Un spectateur ose « Ben oui, le temps passe !... » Re-silence, re-écran-gris dans la salle noire. « Heureusement qu'on sait que ça ne dure que 17 minutes ! » fait un autre, accueilli par des chut mais aussi par des rires toujours bien nerveux. Des toux, des mouvements de fesse, des chaussures qui frottent, des manteaux qui froissent.

Et c'est comme cela tout le temps. Un film de 17 minutes sans images et presque sans son. Le malaise est général. C'est alors que je comprends. Le franc tombe. Beckett nous a placés en isolation sensorielle, comme le prisonnier que nous ne voyons pas et qui se plaint que le temps passe. Ses seuls liens avec la réalité sont les bruits. Des bruits de porte qu'on entend de temps en temps. On devine que les geôliers viennent l'interroger brutalement. Oui, les coups qu'on entend, c'est ça aussi. Quoi ? Où ? lui demandent-ils avec insistance. Et lui, il est presque heureux, comme nous d'ailleurs, d'entendre ces bruits, ces coups, ces voix haineuses, ce lien avec la vie. Tout sauf l'isolation sensorielle ! On le sent aussi : il est prêt à inventer de fausses réponses, à s'accuser de n'importe quoi.

Quoi ? Où ? Pour échapper à cette isolation sensorielle abominable.

La nôtre n'aura duré que 17 minutes. Une éternité pour tout le monde, rien du tout pour notre pote anonyme qui croupit dans le gris-noir fadasse de sa geôle infâme. Dix-sept minutes que je n'oublierai jamais. Comme si j'avais moi-même été en prison 17 minutes. Une paille. Le festival porte bien son nom : un nouveau média qui envahit nos sensations. Chapeau Beckett !

C'est ce que je dis au programmateur en sortant de la salle. Mais celui-ci m'interrompt : « Attends, attends, me dit-il, il y a eu un twist ! Je viens d'être interpellé par un grand connaisseur de Beckett, qui avait déjà vu le film, et en fait il y a des images ! Mais la copie vidéo projetée était abîmée, et les images avaient disparu… »

Dans ma perception bouleversante, le problème technique a donc fait mieux que l'œuvre originale… Vingt ans avant l'IA. Festival des nouveaux médias… Beckett aurait aimé cette ironie du sort.

C'est ce film qui me revient à l'esprit lorsque je pense à Boualem Sansal, qui croupit dans une prison algérienne. Quoi ? Faute impardonnable, il aurait dit des choses qu'on ne peut pas dire. Où ? Dans des livres, arme fatale du crime organisé contre un pouvoir algérien des plus vertueux. Tiens bon, Boualem ! On est avec toi. Dans notre chair, notre cœur, nos sensations. Nous sommes tous dans la salle, impatients de voir le générique de fin apparaître !

LES ÂMES GLACÉES
Évelyne Guzy
écrivain

Je t'écris cette lettre, Maman, de la cave où je me suis réfugiée. Non qu'il me soit interdit de t'écrire – chacun sait ici qu'aucun courrier ne te parviendra – mais utiliser des mots de plus de six caractères est prohibé depuis 2052, l'année, exactement, de ta disparition. Ces quelques lignes en comportent davantage qu'une dizaine, si j'ai bien compté. Les termes compliqués aussi sont proscrits : « le langage appartient à chacun, a décrété le Suprême, il doit être compris de tous. L'ignorance, c'est le savoir. L'obéissance, c'est la liberté. » Alors, comme chacun, j'obéis, mais en apparence seulement. Je ne peux ignorer cependant le monde qui est advenu, un monde où les livres sont brûlés et effacés du cloud, où les bibliothèques sont transformées en salles de récitation dédiées à la Suprême Vérité de la Nouvelle Réalité, une réalité expurgée de tout passé : seuls comptent le présent et la répétition des jours ;

ils nous ont retiré les calendriers. J'essaie pourtant, comme tu l'aurais fait, de garder en mémoire tout ce que le Suprême ordonne d'oublier. (Sur ce point, le Suprême ignore comment fonctionne l'être humain : il suffit de lui dire de ne pas penser à quelque chose, et cette chose lui vient immédiatement à l'esprit. Avouons cependant que les techniques de répétition mises en place par le pouvoir parviennent, dans la plupart des cas, à contrer cette tendance.)

Tu aurais aimé, j'en suis sûre, que je ne pense pas trop à toi, que je ne me demande pas sans cesse où ils t'ont reléguée – de l'autre côté de la Frontière, disent certains, mais personne n'en est sûr ; de toi et des autres, nul ne sait rien, nous sommes censés vivre dans un monde sans limites ni différences, le monde de la Suprême Vérité. J'essaie, je te jure, de ne pas trop penser à toi ; sans cesse tu habites mon esprit. Alors aujourd'hui, je me dis : inutile de lutter. J'ai décidé de rédiger cette lettre. Une lettre d'une page maximum, comme l'impose la Suprême Loi, les cerveaux ne peuvent en aucun cas s'encombrer ; l'espace mental doit se dédier à la répétition du Suprême Mantra, douze fois par jour six fois : « La Suprême Vérité est la Nouvelle Réalité. » Lorsque le signal de la prière est donné, je remue les lèvres. Mais c'est à toi que je pense, Maman. Aux vérités que tu m'as apprises, à la réalité d'un passé qui – selon le Suprême – est effacé, à celle d'un futur qui me semble si triste privé de ta présence.

Comment pourrais-je me vider de cette terrible absence, de cet obsédant silence que tu as laissé en moi ? Un silence qui crie. Oui, de là où tu es – si tu y es encore – je sais que tu es occupée à crier. Crier mon nom et celui de Papa, crier le nom de tous tes amis écrivains et libres d'esprit – d'esprit seulement – qui, comme toi, la même année ont disparu : c'était un plan concerté, comment en aurait-il été autrement ?

Tu écrivais des livres pour enfants. Quoi de plus anodin que des livres pour enfants ? De cette cave, jusqu'à la fin, inlassablement, du mettais en scène des petites filles rêveuses et idéalistes, de petites Alice en quête de Merveilles. Très sérieusement, elles proféraient les vérités qui – disait-on à l'époque – sortent de la bouche des enfants. (Aujourd'hui, la seule vérité admise sort de la bouche du Suprême. Douze fois par jour, dans les espaces de Nouvelle Réalité, nous ânonnons cette même phrase, inlassablement elle nous bourre l'esprit, embouteille nos pensées. Je sais, je me répète, mais à force de réaliser sans cesse les mêmes gestes, de prononcer sans cesse les mêmes mots, mon esprit tourne en rond. J'essaie de résister, d'être digne de toi, Maman. Enfermée dans ta cave, je cherche ma liberté. Celle de penser, au moins, ce que je veux, quand je le veux.)

Un jour, bien avant 2054, j'étais petite encore, une amie m'a demandé : « Vous êtes quoi dans ta famille : catholiques, juifs ou musulmans ? » Je suis rentrée à la maison et je t'ai questionnée. Tu as repoussé ton ordinateur et tu m'as répondu : « Nous sommes humains, tout simplement. » Puis tu as repris cette réplique dans un de tes livres, il a emporté un réel succès.

Humains, tout simplement. Est-ce cette phrase qui t'a arrachée à moi quand les agents du Suprême ont frappé à notre porte ? Tu n'imaginais pas qu'il s'attaquerait aux auteurs pour enfants. Mais quoi de plus important que de façonner les mentalités de ceux qui ne soupçonnent pas qu'il a existé un autre monde, et même un passé ?

Aujourd'hui, une seule religion est permise. Quel paradoxe, quand on y pense ! Tu nous voulais tous unis, et unis nous le sommes – apparemment – sous la bannière de la Suprême Vérité. Cette union-là, tu l'as immédiatement rejetée. Là encore, je t'ai questionnée, et tu as répondu : « Nous sommes tous des êtres humains et cette humanité nous constitue, par-delà les croyances. Mais ces croyances, nous y avons droit, dans le respect des uns des autres, et de ne pas croire aussi. Le Suprême ne nous laisse aucun choix, sa Nouvelle Réalité expression de sa Suprême Vérité nous transforme en êtres uniformisés, lobotomisés, privés de toute liberté, et même de toute volonté de liberté. Nous ne pouvons l'accepter. »

Deux jours plus tard, ils t'ont arrêtée.

En permanence je garde en mémoire – même si je suis supposée ne plus en avoir – ton exemple. Aujourd'hui la plupart des livres ont disparu : la fiction, la première, a été mise à l'index, suivie de la poésie – elles permettent de rêver ; ensuite, ils s'en sont pris aux ouvrages de photographie qui témoignaient du passé et, bien sûr, ils ont détruit les ouvrages scientifiques ou philosophiques qui contredisaient leurs thèses. Finalement, ils ont réglementé la longueur de toutes les productions écrites, y compris de la correspondance – ce qui fait déjà de moi une hors-la-loi.

Alors comment perpétuer l'esprit des livres, puisque leur forme ne peut plus exister ?

Tu aimais me lire des extraits d'un auteur aujourd'hui disparu – lui, comme ses livres ont été anéantis. Il se nommait Boualem Sansal et avait prédit un monde proche de celui-ci. De lui, j'ai retenu une phrase, en particulier, que je me répète mentalement lorsque je suis censée ânonner le Suprême Mantra : « Les plus dangereux sont ceux qui ne rêvent pas, ils ont l'âme glacée. »

L'âme glacée. Aucun de ces mots ne dépasse la longueur réglementaire. Ensemble, ils expriment cependant les manques dont nous souffrons dans un monde qui nous écrase, nous prive de rêves et donc d'individualité, dans un univers où tout notre espace-temps et toute notre âme – pour ce qu'il en reste – doit se consacrer à une unique pensée, vénérer une unique vérité. Trois mots, judicieusement agencés et l'esprit s'ouvre, à ce que tu appelais la poésie, Maman – ici, nous ne connaissons que les mantras ; ils riment, bien sûr, afin que nous puissions mieux les mémoriser, qu'ils envahissent nos esprits, mais ils ne comportent aucune part d'élévation. Ils descendent nos âmes sous terre, dans des espaces glacés, tandis que les mots de Boualem Sansal ouvrent notre imagination.

La poésie est révolutionnaire. C'est ma nouvelle respiration. Petit à petit, j'ai senti s'alléger le poids qui chaque nuit s'abattait sur ma poitrine, m'oppressait, m'étouffait. Mon esprit, libéré, s'est remis à prendre le large.

J'ai donc décidé de créer deux vers chaque jour, rien que deux, et de les faire rimer. Le lendemain, j'en ajoute deux encore, après avoir mémorisé ceux qui précèdent. À chaque fois, un peu plus, je sens mon âme se réchauffer, gagner en liberté. J'ai même osé en parler à un voisin, discrètement durant la prière. Enfin, en parler, pas vraiment. Je lui ai énoncé quelques vers et son âme, elle aussi, s'est élevée. Le lendemain, il a complété, à sa façon, ma création. Puis l'a confiée à quelqu'un d'autre.

Graduellement notre confrérie s'étend, et quotidiennement, j'attends avec impatience d'entendre résonner le fruit de l'âme de mes semblables parce que chacun est différent.

Je me mets à rêver, à imaginer un autre monde. Comme tu l'as toujours fait.

Avant de brûler cette lettre, je tenais à te le confier, à te retrouver au pays des mots. Pour toujours, nous l'habitons ensemble.

Comme tous les écrivains.

POUR BOUALEM SANSAL

Jean Jauniaux

écrivain,

Président honoraire de Pen Belgique francophone

Il est un combat sans cesse recommencé : celui de la plume contre la feuille, de la parole contre le vent, de la question contre la réponse.

Il ne conduit à aucun triomphe s'il se tait.
Il grandit de sa défaite.

Depuis la nuit des temps, des histoires se racontent, des mondes imaginaires s'inventent. De toute éternité l'homme est ainsi fait qu'il rêve des lointains, qu'il franchit des lisières, qu'il traverse les frontières.
Rien n'arrête le rêve ni la parole qui permet son partage.
Rien.

Depuis la nuit des temps, des chants s'élèvent du cœur des hommes. Ils disent la lumière. Ils balisent un chemin. Ils ouvrent la voie vers un monde meilleur dans lequel la paix régnera.

Ne les faites pas taire celles-là, ceux-là qui chantent ainsi.

Ce ne sera pas leur voix que vous éteindrez, mais la vôtre. Il y aura alors de longues processions sourdes et muettes, tristes et tremblantes, avançant dans la nuit, faites d'hommes et de femmes, d'enfants et de vieillards n'attendant plus rien ni de vous, ni d'eux-mêmes.

Vous les croiserez un jour peut-être et n'aurez d'autre choix que de vous joindre à eux, vous cacher d'eux et de vous-même.

Vous vous direz : « nous avons fait fausse route ».

Et vous regretterez ce moment où les voix se sont tues, ce moment qui fut le vôtre.

Vous marcherez alors tête basse, ployé sous le vent.

Tandis que là-bas, dans sa geôle, le poète rêve à demain.

SANSAL N'EST PAS UN SAINT SALE
Kalombo II
écrivain, chroniqueur et responsable
de *Kiosque Littéraire* (RDC)

Radio : « L'écrivain franco-algérien Boualem Sansal a été arrêté à l'aéroport… »
Par la fenêtre ouverte, le vent entrait dans ma chambre. Je venais de me réveiller en écoutant cette nouvelle. Ma ville frissonnait sous un froid caressant. L'auteur de « 2084 : la fin du monde » venait de voir la vraie couleur du monde. Je me levai rapidement. Très rapidement. Pris mon calepin. Pris mon stylo. J'ai ouvert mon téléphone. Continué à écouter la radio. Il fait froid, un léger froid de novembre. J'ai décidé de commencer à écrire, en bon chroniqueur. Les mots ne sortaient pas. Les mots refusaient, *têtument*, de sortir de ma main, de sortir de mon cerveau. Première fois de ma vie : je fais souvent couler des mots devant des situations embarrassantes aux yeux

du monde, en journaliste. Le vent soufflait encore et encore. Je levai les yeux vers ma bibliothèque. Des bouquins, des carnets de voyage, des photos. Devant mes yeux, il y avait un roman de Sansal. Il est sale, poussiéreux. Je l'ai lu il y a quelques mois déjà, un ou deux ans peut-être. La poussière de Lubumbashi n'aime pas voir des livres traîner sans les toucher. Elle s'énerve, les recouvre, les souille...

Sur la couverture : « 2084 ». Je me suis remémoré ma sixième lecture de cet ouvrage, les mots que j'avais retenus. Ceux que j'avais à peine retenus, ceux que je peinais à retenir.

J'ai pensé à cet homme en sa prison. Je criais au fond de moi, j'essayais de crier vraiment, pour exprimer ma colère. Je sentais une sainte/mal-sainte colère monter au fond de mes tripes. Silence !

***

Télé : *Boualem Sansal, illustre écrivain algérien, arrêté depuis un mois...*

(La télé a fait passer l'info. Mais mon cœur n'arrive pas à la faire passer, elle reste accrochée quelque part en moi, comme une arrête au fond de la gorge. Nenni ! Hélas ! Merde !)

Il me souvient que c'est l'un des auteurs qui m'ont convaincu que la liberté pouvait exister. Vivre avec l'homme. Cohabiter. Il me souvient que je l'ai lu pour la première fois en 2008. Ses livres faisaient scandale. On l'accusait de tous les péchés du monde. Il était – déjà – la bête à écraser, à abattre. Il me souvient que sa liberté m'a rendu fier de la mienne. Je puis penser, librement, avec assurance et fermeté. – C'est un type né dans un pays musulman, qui a refusé d'être du nombre, d'être comme un petit mouton de Panurge. C'est un type qui, au nom de la liberté, a pensé autrement que ses contemporains. C'est un type qui n'a pas cédé aux émotions ni à la foule.

Depuis trente bons/mauvais jours, c'est la lourdeur du stylo, le manque d'appétit aux mots, l'insouciance face à la vie, dégoût, etc., qui me caractérisent. L'affaire « Sansal » n'a pas quitté ma tête. Elle n'est pas entrée dans mon carnet. Je crie le silence. Depuis trente jours, nos voix sont réduites au silence. Nos *posts* sont des comédies, peut-être. Nos habitudes sont importunes. J'ai refusé d'écrire un seul mot sur mon mur Facebook, il m'en souvient. Il me souvient que depuis 30 jours j'ai relu plusieurs de ses œuvres : « Le Serment des barbares », « L'enfant et le fou », « Le Village de l'Allemand », « 2084 : la fin du monde ». Mais je n'ai pas lu « Vivre : le compte à rebours », je ne l'ai pas lu par principe, par peur, par phobie, je ne l'ai pas lu parce que son titre sonne comme un adieu… Ce titre ! Il me souvient…

***

Facebook : *Liliane Schraûwen écrit, crie, s'enflamme. Je partage. Petit homme, petit chroniqueur. Qui suis-je ? Qui me lit ? Qui m'entend ? Je me souviens d'avoir lu quelque part qu'il faut agir parce qu'il est de notre devoir de le faire. Le silence est lâche. Liliane écrit encore, je partage. Moi, je refuse d'écrire. Je refuse d'écrire parce que je suis sensible aux mots, je suis sensible au monde, à ses injustices, à sa peur devant la liberté de parole et de penser. Moi, je refuse d'écrire.*

Un autre matin encore. Le temps passe vite. Les mots ont fui mon dictionnaire. J'ai écrit pour un journal. Un article sur l'actualité. Mais pour Sansal, c'est la vie qui fuit mes mots. Qui suis-je pour écrire? Que puis-je écrire? Qu'ai-je le droit d'écrire, moi, pauvre chroniqueur? Je me lève de mon siège, dans les locaux de la radio. Je me place à côté de la fenêtre, cette fenêtre qui me voit, toujours et toujours, prendre des notes dans mon calepin, faire le chroniqueur, le *tribunard*. J'ai eu soudain envie de quitter mon bureau… Il est temps… 10 h… Un petit congé… J'ouvre mon téléphone. Nouvelles notifications: 60 jours, c'en est trop! Boualem Sansal doit être libéré… Un vieil homme malade arrêté depuis 60 jours pour avoir usé de sa liberté. Des infos que je ne supporte pas d'entendre. Des infos qui donnent envie de cracher sur l'injustice, le monde, la barbarie, la dictature, et tout ce qui va avec. Je ferme la connexion, efface les notifications. – Mon cher, un écrivain algérien a été arrêté pour (je connais la fameuse raison brandie comme un sachet de chips à nos yeux de barbares) atteinte à la sûreté de l'État. Dans tes chroniques culturelles à l'International, peux-tu parler du fait? – Non! Ma réponse est catégorique. Je ne l'accompagne d'aucune suite, d'aucune explication. Ce n'est pas dans mon arsenal d'habitudes. J'éteins mon téléphone. Je rentre à la maison. Je dors. – Ma radio, elle, ne dort pas. Elle tourne, tourne, tourne encore, toujours!

***

Radio: «Paraît que le pouvoir s'achète, liberté c'est tout ce qui nous reste» - *Ouled El Bahdja*.

C'est la voix d'Ouled, algérien comme Sansal. Comme pour Sansal, comme pour Ouled, la liberté est d'abord dans nos cœurs. La messe est dite. Il cite Che Guevara dans sa chanson, je cite Boualem Sansal. Ajout majuscule, capital, saint, sanctifié. «C'est un athée, qu'il croupisse là», la phrase d'un fervent untel a résonné dans mon cerveau. J'étais furieux. «Tu t'entends parler? Et cette liberté dont tu te clames être bénéficiaire, grâce à ton Seigneur?» J'ai arrêté cette discussion. J'ai arrêté d'y penser, dans ma chambre, quand la chanson «Liberté» est passée.

Aujourd'hui, 90 jours. Aujourd'hui, 3 mois. Aujourd'hui un vieil homme de 75 ans croupit – mieux – meurt dans une prison en Algérie. Cause: atteinte à l'intégrité, sûreté, souveraineté – *anyway* – de l'État. Libérez tous ceux qui sont otages. Je viens, enfin, d'écrire – mieux, de répéter – cette phrase d'Ouled dans mon carnet, comme une lettre à Tebboune, Monsieur Tebboune, vieux comme Sansal mais différemment vieux.

***

Facebook: *Je lis encore Liliane. Je refuse encore, comme toujours, d'écrire. Je partage seulement. Je repartage. Je re-repartage. Je ne suis pas insensible quand je vois l'affaire «Sansal» défiler sous mes yeux.*

100 jours. Grève de fin. Dégradation.

Cela fait cent jours qu'il est là, dans une petite pièce. Dans une geôle. Il est là, il commence une grève de la faim, se dégrade. On a peur d'une chose, «Le départ, libre vers l'au-delà, de Sansal». Ça fait plus d'une centaine de jours qu'il est là dans une pièce, seul, cet homme âgé de 75 ou 80 ans. Il a entamé une grève de faim.

J'ai lu un appel à textes pour Sansal : écrire OU ne pas écrire ? J'ai peur d'écrire. J'ai peur de ne pas écrire. Silence = lâcheté. 100 jours. Grève de faim. Grève de fin. Dégradation. Je me dis : « Yep, je vais essayer… je vais essayer… je vais essayer. » Le 3 mars, fin. Il est 23 h 59', le 3 mars. Je me décide à envoyer un texte blanc, une page blanche, je préfère. Mais… je… refuse… d'… écrire… Moi, je refuse d'écrire ! J'ai noté un, deux, trois mots « Sansal n'est pas un saint sale ». Moi, je refuse d'écrire. Je ferme mon carnet. J'éteins ma radio. Je pose ma tête sur l'oreiller bleu de mon lit. Je ferme les yeux. JE DORS. Moi, je refuse d'écrire…

ADDICTION
Jean-Paul Lefebvre
auteur, rédacteur et enseignant

La ruelle est plongée dans l'ombre. Un lampadaire grésille, lançant des éclats de lumière blafarde sur l'asphalte humide. Les murs tagués racontent une histoire que personne ne prend le temps de lire.

Jules remonte le col de son blouson, les doigts crispés sur le tissu rêche. Il n'aime pas être là. Mais il n'a pas le choix. Plus personne n'en a.

Il a tenu trois jours. Trois jours sans toucher à rien, sans céder à l'envie. Trois jours à se dire qu'il pouvait arrêter quand il voulait. Trois jours à lutter contre cette sensation de vide, contre cette faim invisible qui le rongeait.

Mais ce soir, il n'en peut plus. Ses pensées sont en désordre, son cœur cogne trop fort dans sa poitrine. Il a besoin de sa dose.

Il avance à pas mesurés, évitant les flaques, les bouts de verre brisé qui crissent sous ses semelles.

Chaque bruit le fait tressaillir. Une voiture passe au bout de la rue, ses phares balayent un instant les ombres mouvantes avant de disparaître au coin.

Enfin, il repère le type adossé au mur. Capuche rabattue, chewing-gum mâché nerveusement, posture nonchalante mais alerte. C'est lui. Le contact.

Jules s'arrête à quelques pas. Il sent déjà son souffle s'accélérer, ses mains devenir moites.

— T'as ce qu'il faut ? murmure-t-il d'une voix tendue.

Le silence s'étire entre eux. Juste le bruit du vent qui fait crisser un vieux sac en plastique contre le trottoir.

— T'as le fric ? demande l'autre.

Jules hoche la tête et plonge la main dans sa poche. Il sent la liasse de billets froissée entre ses doigts, son seul bien précieux.

Le contact la prend, recompte rapidement sans même regarder ses mains. Tout est fluide, précis.

— T'inquiète, c'est du lourd. J'ai même du collector. Tu vas te régaler.

Jules déglutit. Il a les mains qui tremblent. La crise de manque n'est pas loin, il le sait.

Le type ouvre son sac à dos et entrouvre un paquet. Juste assez pour lui donner un aperçu.

— Je prends.

Le contact se saisit du petit colis et le lui tend. Jules le serre contre lui comme un trésor.

— Si tu te fais choper, je te connais pas, pigé ?

Jules ne répond pas. Il tourne les talons et disparaît dans l'ombre.

Il marche vite, trop vite. Il sent la chaleur du paquet contre sa poitrine et son cœur qui bat en écho. Il a l'impression que tout le monde le regarde, que chaque passant sait ce qu'il transporte.

Il ne pense qu'à ça. À ce qu'il va faire une fois chez lui. À la manière dont il va savourer chaque seconde. Il n'a pas le temps d'attendre, il n'a jamais le temps d'attendre.

Dans son appartement, il verrouille la porte, tire les rideaux. Il n'allume même pas la lumière.

Seule la lueur d'un lampadaire, filtrée à travers ses volets, éclaire la pièce.

Il pose le paquet sur la table, prend une grande inspiration et l'ouvre d'un geste fébrile.

Ses mains tremblent de plus belle.

Il sort un livre.

Un vrai livre. Reliure usée, couverture un peu écornée. Pas un écran froid, pas un fichier piraté dans l'ombre d'un réseau clandestin. Un livre tangible.

Son regard accroche le titre.
Ray Bradbury – Fahrenheit 451.
Un frisson lui parcourt l'échine.
Il en sort un autre.
Orwell – 1984.

Puis un troisième.
Boualem Sansal – Le serment des barbares.
Tous barrés d'un coup de tampon rouge : CENSURÉ.

Son pouls s'accélère. Il sent cette impatience fébrile, cette ivresse qui monte en lui. Il a besoin de sa dose de liberté. Là. Tout de suite.

Il attrape un couteau et découpe délicatement l'emballage plastique. L'odeur du papier lui saute au nez, un mélange de poussière et d'encre fanée. Il ferme les yeux et inspire longuement.

Ses mains effleurent la couverture, il en caresse le grain comme un junkie qui touche enfin à son poison.

Il tourne la première page, ses yeux affamés dévorent la première ligne.

Et il plonge.

Le monde autour de lui s'efface. Il n'y a plus de murs, plus de rideaux, plus de lampadaires blafards. Il ne sent plus la sueur sur sa nuque.

Il est ailleurs.

Enfin.

Enfin libre.

LIBÉREZ BOUALEM SANSAL !

Malika Madi

écrivain et journaliste belgo-algérienne

Regard malicieux et sourire en coin, voix légèrement rauque qui murmure plus qu'elle ne parle, c'est lui, c'est Boualem. Je le croise au Salon du livre de Genève en 2019, où il vient présenter son dernier roman : *Le Train d'Erlingen ou La Métamorphose de Dieu*, publié aux éditions Gallimard. Je m'approche de sa table de dédicace. «Toi, tu es Algérienne!» me lance-t-il avec conviction au moment où nos regards se croisent. Nous entamons alors une conversation sur l'Algérie, ce pays qui l'a vu naître un 15 octobre 1949 et qui a vu naître mes parents dix ans plus tôt, avant leur migration nécessaire vers la Belgique en 1964 pour mon père et 1966 pour ma mère. Oui, Algérienne, comme lui, mais avec une autre histoire et un autre rapport amoureux avec ce pays.

Sans vraiment le réaliser, nous entrons dans un dialogue complice, alors que des lecteurs patientent derrière moi, livre en main, pour obtenir leur dédicace. Mi-flattée, mi-gênée, je comprends que le romancier est heureux d'avoir trouvé une compatriote avec qui évoquer son pays. Nous parlons de la décennie noire, du massacre de dizaines de milliers d'Algériens par les islamistes, du règne d'Abdelaziz Bouteflika, omnipotent depuis vingt ans. Nous nous lamentons longuement sur ce pays qui, depuis son indépendance, connaît une crise politique et sociale inouïe. Nous nous désolons de ce régime dominé par une élite militaire vivant de corruption et de clientélisme, nous sommes peinés pour ces millions de jeunes, filles et garçons, privés de perspectives et qui n'ont qu'un seul dessein : partir. Nous évoquons le Hirak, ces manifestations massives qui ont éclaté en Algérie quelques semaines plus tôt, suite à l'annonce d'une candidature pour un cinquième mandat d'Abdelaziz Bouteflika, au pouvoir depuis 1999 et beaucoup diminué depuis 2013 après un AVC.

Nous nous égarons, mais nous nous entendons dans le brouhaha du Salon du livre. Plus notre échange est soutenu, plus je ressens l'impatience des lecteurs et lectrices suisses derrière moi, qui veulent eux aussi leur moment d'intimité avec l'auteur du *Serment des barbares* ou du *Village de l'Allemand*, pour ne citer que ces deux romans de son œuvre impressionnante. En émergeant de cet échange trop long pour la circonstance, nous échangeons vite nos numéros de téléphone, en promettant de poursuivre la discussion via WhatsApp. Nous nous l'étions promis…

EN SOUTIEN À BOUALEM SANSAL

Boualem Sansal est un résistant, un *warrior*, comme diraient les jeunes aujourd'hui. Boualem Sansal est aujourd'hui dans une prison algérienne. Empêché de parler, empêché de se mouvoir, avec pour seule raison : freiner sa capacité à penser et donc à écrire. L'homme, âgé et malade, peut encore dénoncer et partager sa vérité, mais si l'incarcération a pour but de soustraire un individu au monde, elle ne peut pas effacer la mémoire d'un défenseur de la liberté. Boualem Sansal est privé de la sienne pour « atteinte à la sûreté de l'État algérien », et ses accusateurs invoquent l'article 87 bis du Code pénal algérien pour justifier sa détention. Lui qui, toute sa vie et dans toute son œuvre, a dénoncé la violence, les extrémismes et les bourreaux islamistes, se voit aujourd'hui poursuivi en vertu de cet article, destiné à condamner les « actes terroristes ou subversifs visant la sûreté de l'État, l'intégrité du territoire et la stabilité des institutions ».

Boualem Sansal jouit d'un immense pouvoir des mots, comme en témoignent sa carrière et la reconnaissance internationale de son œuvre. Mais quel pouvoir détient-il de si menaçant qu'il pourrait mettre en péril le plus grand pays d'Afrique ? L'incohérence le dispute à l'absurde. Une opinion exprimée, et c'est toute la stabilité d'un État qui serait mise en danger ? Son arrestation est une injustice flagrante. Son engagement pour une Algérie éclairée fait désormais de lui un ennemi de son propre pays.

Aujourd'hui, je me joins à mes ami(e)s et collègues auteurs et autrices pour dire que nous ne pouvons tolérer qu'on enferme un homme parce qu'il a osé penser autrement. Boualem Sansal doit être libéré immédiatement et sans condition. C'est le combat de la liberté contre l'oppression, de la raison contre l'obscurantisme.

CHANTER, UN ACTE DE RÉSISTANCE

Nguyên Tuyêt-nga

écrivain

(ce texte raconte une histoire vraie, que l'on peut lire dans *927* [roman, 2023])

Il a vingt ans. Quand il était enfant, son père, grand amateur de musique, avait pour habitude d'emmener sa famille avec lui quand il allait au concert, et il y allait souvent. Possédant une fort belle voix, il chantait volontiers, pour son plaisir et pour celui de ses proches. Sa passion déteignit sur son fils et, ses dix ans à peine sonnés, celui-ci sut que plus tard, sa scolarité terminée, il serait chanteur.

Il a vingt ans, et il vient d'être condamné à dix années de travaux forcés suivies de quatre années de perte de droits civiques.

Motif de la condamnation : il a porté atteinte à la sécurité de l'État.

Qu'avait-il fait ? Il chantait. Il n'aurait pas été accusé du crime si on avait été aux temps de son père. Mais les temps avaient changé et, depuis quelques années, les chansons sentimentales étaient interdites par les autorités qui les accusaient d'être antipatriotiques, au motif qu'elles étaient mièvres et incitaient à la rêverie, alors que le pays était en guerre et avait besoin d'avoir un esprit combatif et non ramolli.

Or, c'étaient ces chansons qu'il chantait. Circonstances aggravantes : elles étaient occidentalisées ; comprenez par-là qu'elles étaient écrites sur des rythmes venus avec l'ancien colonisateur tels la rumba, le slow rock, le tango, rythmes dont leurs compositeurs s'étaient épris et qui furent transposés dans leurs œuvres. Il ne nuisait donc pas seulement au moral du pays en les chantant, mais faisait également de la propagande en faveur des puissances étrangères en répandant leur musique bourgeoise auprès des jeunes qu'il détournait ainsi de l'État socialiste. D'ailleurs, qui les finançait, lui et ses amis, pour aller chanter et faire la fête ? Qui leur donnait de l'argent pour trahir leur pays ?

Il ne comprenait pas. Il n'avait fait que chanter. Il aimait son pays, mais il aimait aussi chanter. Et il aimait les chansons d'amour parce que c'était dur, la guerre, Votre Honneur, et qu'un peu de douceur aidait à la supporter, et qu'un peu de romance aidait à s'évader. Et personne ne les finançait, ses amis et lui, pour aller chanter. Tout ce dont ils avaient besoin quand ils se réunissaient autour de leur musique était un peu de thé et quelques cigarettes, qu'ils pouvaient se payer car ils avaient tous un travail et donc, un salaire.

« Mensonges ! » tapait du poing Son Honneur, du haut de son estrade. Il travaillait pour l'ennemi à travers des chansons déviantes destinées à saper le moral des troupes et à pervertir les jeunes qu'il entraînait sur le chemin de la débauche dans laquelle lui et sa bande se vautraient déjà. Mais qu'il arrête de nier et le reconnaisse, enfin !

Il s'y refusait.

Dans le pénitencier où on l'avait envoyé purger sa peine – dix ans de travaux forcés ramenés à sept car il en avait passé trois en détention provisoire –, il s'y refusait encore.

On le battait comme plâtre, il s'y refusait toujours.

On le mit aux fers, il persistait dans son refus.

Il n'avait rien fait de mal. Il n'avait pas trahi son pays. Il n'avait fait que chanter. Parce qu'il aimait chanter et pour aucune autre raison, et il aimait les chansons romantiques parce qu'elles parlaient à son âge, à son âme, et pour aucune autre raison.

Les temps avaient encore changé. Il fut libéré avant terme.

À sa sortie de prison, les chansons qu'il chantait sortaient de toutes les fenêtres, y compris celles de Son Honneur.

Il en fut abasourdi et on le traita de fou.

Il se demanda s'il était effectivement fou, si les deux mille interrogatoires qu'il avait subis pendant les trois semaines de sa garde à vue à toute heure du jour et de la nuit, si toutes les souffrances qu'il avait endurées pendant sa captivité, n'étaient que le fruit de son imagination. Mais il tenait dans sa main l'argent qu'on lui avait donné pour lui permettre de payer le train et rentrer chez lui. Il sortait donc de prison, n'était donc pas fou. Il aurait voulu être fou et n'avoir pas à se dire que son imagination lui jouait un mauvais tour, et n'avoir pas à se dire qu'on lui avait volé ses vingt ans et, en plus, pour rien, puisque ses chansons sortaient à présent de toutes les fenêtres. Elles avaient été libérées avant lui. L'aurait-on libéré en même temps qu'elles, sa détention aurait été raccourcie, de quelques mois ou de quelques semaines, peut-être, mais qu'importait, un jour en prison équivaut à cent ans dehors. Mais on l'avait oublié.

Désormais libre comme ses chansons, il recommença à les chanter.

Il avait une belle voix, comme son père, et il eut du succès.

On venait l'écouter aussi parce qu'il avait été fidèle à sa musique, malgré les fers. Il en était fier, fier de n'avoir pas renié sa passion pour s'épargner les coups qui le mettaient en sang, fier d'avoir prouvé qu'il n'avait pas trahi son pays car aujourd'hui tout monde chantait ses chansons «antipatriotiques», tout le monde, y compris ceux qui l'avaient jadis condamné. Fier d'avoir résisté.

À l'automne de sa vie, il raconta son histoire dans un livre. Celui-ci marchant bien, les autorités s'y intéressèrent. Après l'avoir lu, elles l'interdirent à la vente et confisquèrent les exemplaires existants. Motif avancé : il était subversif et portait atteinte à la sécurité de l'État.

L'État a bon dos, se contenta de dire l'ancien prisonnier politique.

On interdit son livre mais on le laissa tranquille : il était âgé, le public l'aimait, l'avait même surnommé La Voix d'Or, lui dont la voix fut étouffée, au propre comme au figuré.

Il vit encore et chante toujours, les mêmes chansons qu'autrefois, et tout le pays avec lui. On ne peut pas faire taire les âmes indéfiniment.

Il est sur You Tube.

ILS TRANCHÈRENT
LA LANGUE DU POÈTE...

Colette Nys-Mazure

écrivain

Ils tranchèrent la langue du poète,
les doigts du guitariste,
la tête rebelle.
Ils faussèrent leurs paroles,
déchaînèrent soupçons et calomnies.

Ils brûlèrent biens et identités,
larguèrent des corps au large
ou les entassèrent en fosse commune.
Ils voulaient effacer jusqu'à la trace
des résistants.

Ainsi des pays sous tyrannie
emprisonnent sous prétexte,
enfouissent au secret
sans le recours d'un avocat intègre.
Il est des territoires de sévices hors droits.

Que vienne le temps
des femmes et des hommes justes,
bras dessus bras dessous,
l'œil clair que rien n'aveuglera,
droits dans leurs bottes et la main désarmée.

Alors s'élargira l'aire du jeu,
lorsque chaque *je* singulier
s'exprimera sans peur ni méfiance.
Une ère fraternelle
à rêver, élaborer.

BOUALEM SANS SEL
Fabien Philippe Marie
comédien et auteur

Le temps s'étire comme un fil tendu au-dessus du gouffre. 16 novembre 2024 – une date qui pendra aux murs de l'histoire comme un tableau dont on ne peut détacher le regard. Un écrivain, Boualem Sansal, dont la vie devient soudain plus complexe que tous ses romans.

Ce matin-là, Boualem Sansal respire l'immobilité. Ou plutôt : l'immobilité le respire. La lumière filtre différemment – est-ce par la fenêtre étroite de sa chambre à l'hôpital pénitentiaire d'Alger, ou à travers les mailles de sa propre pensée ? La clarté est rare, ses idées se distillent entre les interstices du temps suspendu.

Je ne le connaissais pas avant. Un nom qui flottait dans les marges de ma conscience, une queue de cheval aperçue fugacement lors de quelques interviews, un visage de sage dont le sourire semblait contenir des océans de mélancolie et d'incertitude.

Son ombre s'est muée en un paysage de silence et de désolation.

Il a dû entendre – à travers les murs, les couloirs, les murmures des gardes – le bruit de sa propre vie qui s'effiloche. Cancer, emprisonnement, cette double sentence qui le condamne non pas à mourir, mais à exister dans une zone grise entre la résistance et l'épuisement.

Quand la géographie devient un verdict, quand les mots franchissent des lisières invisibles et se transforment en délits, que reste-t-il de notre humanité? Il aurait parlé – ou plutôt écrit – sur un territoire disputé, sur les contours mouvants d'une histoire coloniale qui continue de saigner. Une déclaration. Un fragment de vérité. Et voici qu'on l'enferme, comme si les mots pouvaient être emprisonnés, comme si la pensée possédait des frontières.

Ma science est lacunaire, mon engagement tremblant. Je n'ai pas lu ses livres, je ne connais de lui que les échos, les rumeurs, les bribes. Mais n'est-ce pas ainsi que naissent les résistances? Dans l'interstice entre l'ignorance et la prise de conscience, dans ce moment où le silence devient insupportable? J'imagine encore, toujours derrière les barreaux, les autres prisonniers politiques hantant sa mémoire. Salman Rushdie, dont le corps porte les stigmates de la fatwa, Alexeï Navalny, dont la voix a résonné plus fort que les geôles russes. En vain? Ils sont ses fantômes tutélaires, ses compagnons invisibles dans ce combat contre l'obscurantisme.

Le corps de Sansal – 75 ans, malade, captif – vire à la métaphore outrancière. On dit qu'il n'est pas brutalisé. Mais qu'est-ce que la maltraitance, sinon cette lente érosion de la dignité ? Je m'inquiète. Ce « je » n'est plus un observateur distant, mais un témoin impliqué. Comment peut-on encore prétendre que ce qui arrive à un intellectuel, à un écrivain, à un homme, ne nous concerne pas ? Chaque voix étouffée est un fragment de notre humanité commune qui se perd.

Les biopsies préoccupent, sa santé décline. Chaque jour dans cette cellule est un arrachement, chaque souffle un geste de contestation. Sa chambre d'hôpital devient une zone de conflits où la maladie le dispute à la volonté. Je ne peux pas prétendre comprendre totalement, mais ne pas agir, c'est fatalement accepter.

Les dictatures contemporaines sont subtiles. Elles ne tuent pas directement – elles épuisent, elles isolent. Ce constat, Sansal le transpire mieux que quiconque. Lui qui a tant composé sur les mécanismes du contrôle, le voici pris dans leurs rouages implacables.

Son corps devient un texte. Ses mains tremblantes, peut-être, mais son esprit debout. Par une fenêtre – si fenêtre il y a – il aperçoit peut-être Alger. Une ville palimpseste, où chaque mur raconte une histoire de domination et de révolte. La colonisation, l'indépendance, et maintenant cette nouvelle forme d'oppression qui use les corps avant de briser les esprits. Quand on séquestre un auteur, on n'emprisonne pas seulement un homme, on tente d'enfermer la possibilité même de penser autrement, de voir le monde comme un espace ouvert plutôt qu'une série de territoires verrouillés.

2024 – soixante ans nous séparent de son roman dystopique. Et nous voici, témoins d'une réalité plus sombre que la fiction. Je ne désire plus me taire. Ce texte est un appel, une main tendue vers cet homme que je ne connais pas mais qui me concerne intimement. Sa double nationalité – Boualem, français et algérien – est le pont que l'on veut faire sauter, le dialogue que l'on cherche à interrompre. Boualem Sansal ce matin – est-ce un corps qui persévère, un esprit qui refuse de capituler, ou les deux?

Libérer Sansal, ce n'est pas juste le sortir de sa cellule, c'est lui redonner le sel de sa vie. Parler, tous, joindre nos hurlements d'indignation; que cela ne soit plus seulement des vagues, mais un tsunami de fureur. Le monde sans lui sera plus étroit, plus fade. Plus uniforme. Et c'est contre cette uniformité que nous devons nous dresser, que je m'érige, avec les mots comme seule arme, avec l'empathie comme seul bouclier.

L'APPEL AUX TROIS SENTENCES

Ivan O. Godfroid

médecin psychiatre et écrivain

I

La gloire des tyrannies souille ces nuits où elles étouffent la pensée.

II

Un sang d'encre abreuvera nos plumes démouchetées.

III

Qui embastille un écrivain soulève la République des Lettres.

DE LÀ-HAUT

Françoise Pirart

écrivain

La Ville fut plongée dans l'obscurité, première mesure radicale du gouvernement. Les habitants prirent l'habitude de se terrer chez eux dès le crépuscule. Désormais, l'éclairage le plus discret était interdit sous peine d'arrestation. Les cafés, les restaurants, les cinémas et les théâtres fermèrent leurs portes. Le soir tombé, il était hors de question de bavarder en rue ou de boire un verre entre amis. Mais on s'accoutume à tout et, après quelques mois à subir ce régime devenu routine, plus personne ne se révolta ou n'eut même l'idée de contrevenir à la Loi, celle édictée par une autorité supérieure qu'aucun citoyen n'aurait osé remettre en cause. Dans les écoles et les bibliothèques, les livres avaient été dissimulés par de grandes toiles noires, dans l'attente d'être brûlés. Toute trace de culture devait disparaître. À présent, les seules informations nationales et internationales provenaient d'une source unique: Canal Central. Sur des écrans géants, la chaîne débitait toute la journée des faits divers, dans un flot continu et dans toutes les langues. Gavés de crimes et de viols en tous genres, les citoyens n'éprouvaient plus rien. Visages indifférents, conversations terre-à-terre: le ramassage des ordures, les soldes, le prochain match de foot. Parfois l'un ou l'autre s'offusquait des «étrangers qui nous volent notre pain». Comme si c'était dans l'ordre des choses de jalouser plus pauvre que soi.

Dérive, méfiance, corruption... Des voix, jadis courageuses, se taisaient, apeurées. On épiait son voisin, on n'hésitait pas à le dénoncer s'il avait l'audace de s'opposer à la Loi. Les arrestations étaient devenues monnaie courante, les disparitions aussi. Il est plus facile d'escamoter des corps que d'ouvrir de nouvelles prisons pour emmurer les vivants.

Dans la Ville, noire comme l'antre du Diable, un homme veillait. Il n'était pas jeune – même plutôt vieux – et, de jour en jour, davantage usé par les vicissitudes de l'existence. Dans sa cellule, une petite lumière vacillante éclairait son visage fatigué. Penché sur ses écrits, il travaillait sans relâche. L'un de ses geôliers, plus compatissant que les autres, l'y avait autorisé, sans doute agacé par ses demandes incessantes: du papier, un crayon, n'importe quoi pour tracer des mots, voilà tout ce que je veux! Et il écrivait, il écrivait. Il s'endormait sur sa feuille et se réveillait en sursaut, obsédé par la crainte de perdre un temps précieux. Trois mois déjà qu'il était incarcéré là, pour la seule faute d'être... d'être quoi et d'avoir fait quoi, au juste? D'être écrivain? Au début, il s'était vu sombrer, tel le capitaine du sous-marin Koursk, abandonné avec son équipage par le gouvernement russe: jusqu'à l'ultime fin, Kolesnikov avait continué à remplir son livre de bord à l'aveuglette, dans les ténèbres glaciales des abysses.

Par la suite, le détenu apprit que, hors des murs de sa geôle, là où le soleil brillait, des gens se battaient pour lui, pour sa liberté. Cela lui donna un vague espoir, mais qui s'amenuisait au fil des jours. Une nuit, alors que ses forces le trahissaient et qu'il se sentait partir à la dérive, il s'endormit profondément et rêva. Il volait dans le ciel bleu de son pays, de chauds rayons le caressaient. De tout là-haut, il apercevait les toits des maisons blanches, les rues, les jardins, les potagers, une mosquée, un petit bout de mer avec du sable, les gens minuscules. Un chant joyeux lui parvenait, accompagné par des mandoles, bendirs et autres percussions. Et il était heureux. Enfin libre.

À l'aube, quand le gardien pénétra dans la cellule, le prisonnier dormait encore. Il était allongé sur le dos, les mains posées sur la poitrine. Il respirait paisiblement. Le doux sourire, qui flottait sur ses lèvres, rajeunissait ses traits. Sur la petite table à côté du lit en fer était posée une liasse de feuillets noircis d'une large écriture déliée. Sur la dernière page se trouvaient ces mots : *Les plus dangereux sont ceux qui ne rêvent pas, ils ont l'âme glacée.*[1]

Le gardien, perplexe, se gratta la tête. Ses idées se bousculaient. Faire disparaître tout ceci ? Ou laisser une chance à un homme qui était en son pouvoir ? Il ne savait plus, il verrait plus tard.

Sans un bruit, il referma la porte.

---

1. *2084 – La fin du monde* (roman de Boualem Sansal – Éditions Gallimard 2015).

EN PENSANT À BOUALEM SANSAL

Annie Préaux

écrivain

Sous les crocs
Des écrous
La liberté
Prend sa douleur
Par la main
Le vent des mots
La tient
Entre ses fils
Transparents
Au loin
Son chant
Craque sous les dents
Des grilles
Se blesse et s'écartèle
La liberté
Arrache et crache
Ses barbelés
Dans son rêve empêché

Elle ne sait plus que faire
Ni rire ni pleurer
Sur l'inhumanité
Des pouvoirs imbéciles

À GENOUX !

Jean-Marc Rigaux

avocat et écrivain

Il fut un temps où j'allais en prison. Rencontrer mes clients. Le plus souvent désigné par le bureau de consultation et de défense. En « Pro Deo ».

Beaucoup de ces colloques singuliers ont laissé une trace pour celui qui arrive au crépuscule de sa carrière. Des gens simples, torturés, désespérés, pleurant sur eux-mêmes, en colère, prostrés, muets, attachants ou rebutants.

Tous des « droit commun ». Prévenus de délits variés. Ayant bénéficié d'un avocat plus ou moins habile, d'une procédure transparente et contradictoire. Soumis au jugement d'autres hommes. Pétris de préjugés, écrasés par l'inertie ou pénétrants d'acuité. Acquittement ou condamnation.

Les verdicts m'inspirèrent à l'occasion un sentiment d'iniquité, d'abattement ou de fierté parfois mal placée. J'étais conscient de l'imperfection du monde mais bercé par l'idée bien ancrée qu'à défaut d'avoir rendu « justice », au moins le droit voulait dire quelque chose. Des règles préétablies, avec un degré de précision suffisant, avaient été respectées.

Ce paysage éclata en 1996 lorsque je me rendis à Arusha au moment où se mettait en place le Tribunal spécial pour les crimes de génocide au Rwanda. Une première (avec l'ex-Yougoslavie) depuis Nuremberg et Tokyo en 1946.

Quelles qu'aient été les intentions de l'ONU, sincères ou auto-disculpantes, j'ai humé cette odeur de poudre politique où l'enjeu du procès dépassait le sort de ceux qui y étaient jugés. Les services secrets des pays intéressés étaient dans la salle, sur les « bancs » des « journalistes » et peut-être aussi parmi certains membres du barreau.

Chaque acteur était scruté, évalué, faisant l'objet de tentatives d'influence déterminées par les intérêts des nations qui avaient trempé leurs doigts dans le sang des centaines de milliers de victimes du génocide. Il s'agissait de s'innocenter, de se justifier, de nier, de condamner sans pitié.

La Cour pénale internationale en est aujourd'hui l'avatar et son implication politique restera l'objet de discussions éternelles. En témoigne le dernier exemple à Gaza.

Parfois, l'instrumentalisation de la justice est plus lisible encore.

Je me souviens de mon cours de droit pénal comparé, à une époque où l'URSS régnait encore sur une moitié du monde. Le professeur avait mis en évidence un code pénal soviétique structuré, rigoureux en tous points. Sauf un. C'est dans cette faille si ténue que l'arbitraire se nichait, grandissait et finalement étouffait tout le reste.

Il suffisait d'une disposition un peu vague dans laquelle tout comportement pouvait devenir incriminant. « Atteinte à la sûreté de la foi communiste » ou quelque chose de ce genre. Boire un verre en terrasse vous conduisait à vingt ans de goulag si tel était le caprice du pouvoir.

La motivation d'un jugement tautologique serrait ses anneaux sur sa proie. Un même mot sauve ou garrotte. Force et faiblesse. Vérité et mensonge. À égalité.

Rien de neuf dans la Russie actuelle.

L'Algérie répète ce processus dans un autre contexte. Les gardiens du temple de tout sacré, soit de tout ce qui est figé à jamais, ont besoin de rappeler à leurs sujets et au monde pourquoi ils sont là et surtout ce qu'ils veulent en échange.

La colonisation si longue est la référence ultime à toute décision. C'est le logiciel. Il vaut pour le passé, le présent, l'avenir. Il n'est pas question d'apaiser cette plaie. Plus elle sera purulente, plus la légitimité des élites sera incontestable.

Boualem Sansal, franco-algérien tout neuf, occupait davantage les chroniques littéraires parisiennes que la une de « El Moudjahid ».

Tout écrivain peut ressentir le besoin de sortir de ses fictions enracinées dans la réalité pour occuper le terrain de la réalité grevée de fictions. En invoquant l'histoire pour interroger les frontières, il a fait sortir de sa contenance un pouvoir intransigeant sur le contenu du pays.

La ligne artificielle dessinée par l'ancien colonisateur pour séparer le royaume chérifien du Maroc de l'Algérie encore inexistante devient paradoxalement une ligne de défense du caractère intangible du pays.

Tout ce qu'a fait ou non la France a été et reste néfaste. Sauf cela. La limite. Ici. Chez nous. Là. Chez eux.

Boualem Sansal s'est-il trompé d'histoire? Peu importe. Il a touché là où ça fait mal. La curiosité intellectuelle n'est pas une excuse. La corde des contours d'un pays est sensible et il est dangereux de la gratter.

Que Boualem Sansal en ait eu ou non conscience ne change rien à la dureté et à l'injustice de son sort.

Il suffira aux magistrats d'aligner ces couleurs du « Rubik's cube » du délit relatif à l'intégrité territoriale pour édifier les gens qui y croient.

Mais sa double nationalité révèle un autre enjeu. Autant politique qu'idéologique. Mettre la France à genoux pour supplier de lui rendre un des ses concitoyens. Quoi que le pouvoir algérien obtienne, cette jouissance perverse est déjà un immense succès.

Je me demande si, en écrivant ce texte, je n'y participe pas à ma manière. Mais que faire? Se taire?

Je terminerai en évoquant ces couloirs sales et interminables. Je finissais par atterrir dans une minuscule pièce dont l'appellation « parloir » aurait pu se déchiffrer en « déversoir ».

J'y attendais parfois longtemps qu'on m'amène le détenu. Je regardais, derrière des barreaux, le préau aussi vide que la vie ou les espoirs des résidents.

Eux, au moins, avaient la visite de leur avocat-entonnoir-défouloir- ou simplement lien avec l'extérieur. Par-delà le mur-frontière.

Boualem Sansal n'a même pas cette bouée. Il est seul. Désespérément seul. Dans des conditions de détention bien pires que celles déjà pénibles que j'ai côtoyées il y a près de trente ans.

Alors ? Que lui dire ? Qu'il est un héros ? Que son courage nous éblouit ? Qu'il est la victime d'une partie d'échecs ?

Juste l'assurer de notre soutien. C'est peu. Mais si d'aventure la musique de ce recueil arrive jusqu'à ses oreilles, ce sera alors beaucoup.

LA NUIT DE BOUALEM SANSAL

Christophe Roche-Ford

essayiste

« Le peuple n'eut pas le temps de poser son barda qu'il fut dépossédé de sa guerre, de sa gloire, de ses souffrances, de ses sacrifices, donc de sa liberté chèrement payée »[1].

L'ALGÉRIE n'est pas la Corée du Nord. Comment un pouvoir certes autoritaire mais en prise avec les opinions publiques nationale et internationale, l'ubiquité de l'information sur les antennes paraboliques et les réseaux sociaux et la circulation constante des hommes et des idées entre les deux rives de la Méditerranée, peut-il en arriver à emprisonner un écrivain célèbre de 75 ans, qui plus est malade ?

---

1. *Boualem Sansal, Poste restante : Alger. Lettre d'espoir et de colère à mes compatriotes.* Paris, Gallimard, 2006, p 65 de l'édition Folio (2008).

Comment peut-il l'extraire quelques jours durant de sa prison pour l'hôpital, lui prodiguer un traitement urgent, reconnaissant de la sorte la gravité de son état de santé, et puis immédiatement le ré-emprisonner ? De quel crime indicible Boualem Sansal s'est-il rendu coupable, qui lui ait valu d'être emprisonné à son retour à Alger en novembre dernier ?

Il fut un temps pas si lointain où l'Algérie jouissait d'une relative liberté d'expression, de satire, de caricature et d'écriture qui était la soupape de décompression d'un régime qui, pour n'avoir jamais été une démocratie, n'en était pas moins ouvert à des tolérances permettant de respirer, pourvu que l'on n'attaque pas frontalement le pouvoir. Et le cas échéant, en cas de répression, c'était la censure plutôt que la prison. Boualem Sansal avait publié en France en 2006 *Poste restante : Alger*, charge au vitriol contre le régime algérien. Le livre fut certes interdit en Algérie, mais le pouvoir n'avait pas recours alors à cette extrémité qu'est l'emprisonnement. Ce temps est apparemment révolu, et Boualem Sansal paie aujourd'hui le prix fort d'un durcissement manifeste du régime.

Nous le comprenons mieux depuis Castoriadis, une société se construit par l'imaginaire. Un imaginaire collectif en lieu et place de la narration qui constitue l'identité-*ipse de* l'individu chez Ricoeur. La construction sociale algérienne après l'indépendance du pays en 1962 n'échappe pas à la règle, et il n'y aurait rien à redire à cela si cet imaginaire sociétal était suffisamment en prise avec la réalité de la collectivité nationale et les droits et attentes légitimes du peuple algérien et notamment de sa jeunesse, en particulier la possibilité d'un réel espace de liberté.

Tel n'est toutefois pas le cas. Cet imaginaire est celui de la construction d'une nation martyre dont la légitimité est ancrée dans l'évènement fondateur qu'est la guerre d'indépendance. Une légitimité mémorielle plutôt que démocratique. Une nomenklatura s'appuyant sur l'armée, qui est aussi devenue une oligarchie pétrolière, gouverne le pays depuis plus de six décennies avec cet imaginaire pour discours référent principal, dont elle se considère comme dépositaire et s'arroge l'interprétation, n'hésitant pas, comme l'a fréquemment relevé Boualem Sansal, à falsifier l'histoire. Confisquant les droits du peuple algérien. Droits économiques en se réservant une part de choix de la rente pétrolière. Droits civils et politiques en gelant toute alternance possible du pouvoir et, depuis que la résistance et les demandes de la société civile se sont faites plus pressantes dans la rue, avec le mouvement du Hirak en 2019, et encore récemment sur les réseaux sociaux, en restreignant drastiquement la liberté d'expression. Paradoxe d'un pays dont le peuple a conquis de haute lutte sa liberté contre la puissance coloniale pour se la voir confisquée par un régime autoritaire. « *Tourner la page et nous construire en citoyens nous fut refusé, nous avions à demeurer dans la posture du colonisé protégé ou du béni-oui-oui acclamant, attendant tout de ses nouveaux maîtres* »[1].

Dans ce contexte, la situation de Boualem Sansal est singulière. Il avait pu sans conséquences dramatiques pour lui soutenir le mouvement de contestation du Hirak : voix discordante alors tolérée car venant

---

1. *Ibid*, p. 66.

de l'intérieur, de la base de la société algérienne. Mais il est aujourd'hui l'otage d'un enjeu qui le dépasse, la crise entre la France et l'Algérie qui a atteint un paroxysme depuis le rapprochement franco-marocain de 2024 et la reconnaissance par la France de la souveraineté de Rabat sur le Sahara occidental. Or Boualem Sansal est devenu français en 2024, tout en demeurant algérien : il vit sur la brèche, la fracture mémorielle qui sépare les deux pays. Solidaire du destin de son pays natal, il a fait le choix de continuer de vivre en Algérie et paye aujourd'hui ce choix d'un prix aussi inattendu qu'exorbitant.

Boualem Sansal paraît avoir mis le feu aux poudres en questionnant dans une interview la légitimité historique du tracé de la frontière héritée de la colonisation entre l'Algérie et le Maroc. Remarque sur un sujet hautement inflammable qui avait fait l'objet de la *Guerre des Sables* entre les deux pays fin 1963, à laquelle une intercession de l'Organisation de l'Unité Africaine avait mis fin, reconnaissant l'intangibilité des frontières coloniales, essentielle à la stabilité du continent africain. Le tracé de la frontière coloniale fut par la suite entériné par un traité entre le Maroc et l'Algérie en 1989.

Ceci vaut à Boualem Sansal d'être poursuivi en vertu de l'article 87 bis du code pénal algérien, qui sanctionne sévèrement « *comme acte terroriste ou subversif tout acte visant la sûreté de l'Etat, l'intégrité du territoire, la stabilité et le fonctionnement normal des institutions* ». Qualifié par le Président Tebboune « *d'imposteur envoyé par la France qui ne connaît pas son père et vient dire que la moitié de l'Algérie appartient à un autre*

État » il a manifestement enfreint un tabou. Le vieil apparatchik qu'est le Président Tebboune démontre ainsi, ce qui n'était pas vraiment nécessaire, qu'il maîtrise fort bien la rhétorique de la langue de bois. La punition est-elle provisoire ? Nous ne le savons pas mais pouvons craindre le pire, vu les termes employés par le Président. L'Agence officielle de presse algérienne stigmatise « *la France macrono-sioniste qui s'offusque de l'arrestation de Sansal* ». La presse algérienne n'est pas en reste et est mobilisée contre le « *pantin révisionniste anti-algérien* » et le « *traître Sansal* ». Ce torrent de haine, d'insinuations et d'amalgames entre les intentions imputées à Boualem Sansal et celles qui sont prêtées à la France, peu suspecte pourtant de vouloir remettre en cause les frontières coloniales qu'elle a contribué à dessiner, est de très mauvais augure, confirmant à quel point il est devenu l'otage de la crise franco-algérienne.

Il arrive bien trop souvent dans l'histoire des hommes que l'invocation du passé entrave le présent et alimente *l'hybris* de la discorde. Hannah Arendt, parlant en connaissance de cause, avait proposé deux catégories politiques profondément originales à même de réparer les fractures d'une société après un traumatisme tel que la Shoah ou une guerre meurtrière, ouvrant des possibles de vie commune apaisée et libérée des entraves du passé : la naissance et le pardon. La naissance vient avec le renouvellement des générations et la société algérienne dans sa très grande jeunesse satisfait à ce premier critère – l'écrasante majorité de la population, plus de 95 %, est née après l'indépendance – mais il reste un pas à franchir qui est une montagne pour le régime algérien : le pardon, qui supposerait une redéfinition de l'imaginaire national fondateur tel que le pouvoir se l'est arrogé.

Bien au contraire, le tour de vis donné par le régime algérien depuis le mouvement du Hirak de 2019 a vu le renforcement du rôle politique de l'armée et une crispation accrue sur l'imaginaire mémoriel de la nation algérienne. Tant que le régime actuel sera au pouvoir, attendre un pardon et une véritable réconciliation avec la France paraît improbable : les déclarations d'Emmanuel Macron en 2017, considérant la colonisation comme un crime contre l'humanité, n'ont pas suffi. Il faudra peut-être pour cela que la génération née après 1962 arrive enfin aux commandes de l'Etat et engage une réflexion sur une redéfinition de l'imaginaire narratif de la nation. En attendant, ce passé qui se met en travers du présent verrouille la situation politique et est une pièce maîtresse de la névrose du pouvoir algérien, se réclamant de la guerre de libération du peuple algérien tout en confisquant sa liberté, et qui a conduit à l'arrestation arbitraire de Boualem Sansal.

Quand un barrage se fissure, il est possible à court terme de masquer les fissures en les recouvrant d'un enduit. Mais la cause des fissures persiste, et provoque à la longue de réelles fractures, qui requerront des travaux structurels, sans quoi le barrage pourrait céder et libérer les flots qu'il emprisonne. Bien des choses devront un jour changer en Algérie, mais dans l'immédiat, il est dans l'intérêt du pouvoir de comprendre qu'il s'affaiblit chaque jour un peu davantage en maintenant Boualem Sansal en prison. Quel hommage rendu au pouvoir de la parole et de la plume d'un homme seul, âgé et malade ! Quel narratif infâmant, quel effet de tamtam international sur le caractère répressif du pouvoir à Alger! Écrivains, éditeurs, journalistes, ONGs, hommes politiques, parlementaires européens, tous s'indignent légitimement et demandent sa libération.

Plus le régime algérien tardera à libérer cet homme auquel il n'a rien d'autre à reprocher que l'usage de sa liberté d'expression, plus il verrouillera ce faisant la parole de la société civile algérienne et attirera les projecteurs de notre monde sur ses propres vulnérabilités et ses atteintes aux droits de l'homme. L'emprisonnement de Boualem Sansal soulève en effet un grand sujet qui mérite toute notre attention : celui de la liberté du peuple algérien. Parlons-en puisque le pouvoir nous tend cette perche, cette occasion d'une tribune sur les droits de l'homme en Algérie!

En effet, ainsi que le souligne Amnesty International, 2024 a vu de nombreuses atteintes aux droits de l'homme. Quelques exemples : en juin 2024 une cour d'appel a condamné le journaliste Ihsane El Kadi à sept ans d'emprisonnement, dont deux avec sursis, pour ses écrits. En juillet c'est un militant amazigh, Slimane Bouhafs, qui a été condamné à trois ans d'emprisonnement pour « *atteinte à l'intégrité du territoire national* ». En octobre dernier c'est un autre journaliste encore, Mustafa Benjama, qui a été condamné pour ses publications.

La nuit de Boualem Sansal en sa prison est aussi la très longue nuit du peuple algérien.

ACROSTICHE DE L'ESPOIR

Liliane Schraûwen
écrivain

Boualem, tu es né loin d'ici, sous des cieux
Où depuis trop longtemps règne l'intolérance :
À celui qui écrit répond la violence.
La pensée en ce lieu est un acte outrageux
Et qui mène en prison écrivains et rêveurs.
Mais ici nous luttons contre l'embastilleur.

Sache bien, mon ami, que l'on se mobilise
Afin que te libère ce triste seigneur.
Nous pensons tous à toi en ces temps de malheur…
Sache-le, mon ami, il faut qu'on te le dise :
Avec chagrin nous partageons ton désarroi.
La lutte s'organise et nous pensons à toi !

JE ME SUIS SOUVENU DE CET HOMME

Liliane Schraûwen

écrivain

J E suis devenu très vieux. Cela s'est fait insidieusement, sans heurt, et puis un jour j'ai réalisé que ma vie touchait à sa fin. Je suis un vieillard sans âge ou, plus exactement, un vieillard qui ne se souvient plus de son âge. Ma mémoire s'effrite par petits morceaux, surtout celle des événements relativement récents. Le passé, par contre, reste vivace, mais désordonné. Les souvenirs s'y mélangent sans logique. Certains noms, des dates, des visages, des anecdotes se confondent et parfois s'effacent. C'est pour cette raison que j'ai entrepris de noter ce qui surnage ou me revient. Pour rien ni personne, car je suis désespérément seul sur cette Terre du chacun pour soi où nul ne se soucie que de lui-même. Pour moi, seulement, pour me rappeler que ces choses ont existé, pour m'assurer qu'il y eut un temps où je vivais pour de vrai, où j'agissais, rêvais, me révoltais. Un temps où j'étais jeune et où, de près ou de loin, je participais à la vie du Monde. Je note tout cela sans ordre ni logique, selon les images qui me reviennent.

C'est ainsi que cette nuit, je me suis souvenu de cet homme. C'était il y a très longtemps. Je ne me rappelle ni la date de ces événements, ni même le numéro du siècle où ils se sont produits. Je me souviens seulement que j'étais tout jeune en ce temps-là, presqu'un gamin.

Un certain Louis régnait sur la France, je crois, et l'on embastillait les gens pour un oui, pour un non, pour une courbette maladroite ou pour un sourire ambigu. Pour un bon mot parfois, ou un mauvais. Pour quelque voltairienne satire, pour l'un ou l'autre poème libertin ou pour une «*Histoire (*trop*) amoureuse des Gaules*», et ni la mauvaise santé de l'auteur de cet ouvrage ni le cousinage d'une illustre épistolière n'empêchèrent qu'il demeurât sous les verrous treize mois entiers.

Non, attendez, je fais erreur; c'était ailleurs, à une autre époque. En tout temps d'ailleurs, les gens qui pensaient mal mais écrivaient bien, ceux qui exprimaient ce qu'alors on appelait des «idées subversives», ceux qui par leurs mots «attentaient aux bonnes mœurs» ou tout simplement à la majesté des puissants, se trouvaient traînés en justice, et souvent cela finissait très mal. Mais pas toujours, car certains choisissaient la fuite ou l'exil, d'autres courbaient l'échine et faisaient mine de se repentir, quand quelques-uns passaient des mois ou des années au fond d'obscurs cachots.

Oscar Wilde, ça vous dit quelque chose? D'autres noms me reviennent, dans le désordre: Baudelaire, Nawal El-Saadawi, La Fontaine, Voltaire, Anna Politkovskaïa, Flaubert, Sade, Genet, Zahra Rahnavard, Soljenitsyne, Beaumarchais, Restif de la Bretonne, Aslı Erdoğan, Chénier, Richepin, Dostoïevski, Socrate, Villon, Eugène Sue, Maupassant... Autant de patronymes jadis illustres mais tout à fait oubliés aujourd'hui. Je me perds dans les époques, tant a toujours été constante la triste coutume de s'en prendre aux plumitifs, aux philosophes et aux rêveurs.

Il y en eut aussi dont on brûlait les livres à défaut d'étriper leurs auteurs coupables d'être juifs, hérétiques, païens, incroyants ou, pire, mécréants ou simples penseurs. Oser philosopher sur la vie, la mort, le pouvoir, la guerre, la paix, l'amour, la société en général, était périlleux; se risquer à disserter de la tolérance et la liberté était le plus sûr moyen de perdre la sienne.

Bref: penser est dangereux, parler est téméraire, et composer autre chose que des cantiques religieux, des panégyriques ou des bluettes à deux sous est carrément suicidaire. On l'a bien compris du reste, car plus personne depuis bien longtemps ne se hasarde à de telles absurdités. À quoi bon d'ailleurs, puisque plus personne non plus ne sait lire à l'exception, de-ci de-là, de l'un ou l'autre vieillard podagre et décrépit de mon espèce. Car oui, j'ose l'avouer: je sais lire, et même écrire. Mais je conviens avec vous, qui sans doute n'existez pas, que cette science est aussi inutile que dangereuse. Les livres sont interdits, en effet, et il n'en subsiste plus guère que quelques-uns, de plus en plus rares, qui moisissent au fond de caves obscures ou de poussiéreux greniers, prudemment cachés sous des tas de hardes ou au cœur de branlantes armoires. Les vocables *librairie, bibliothèque, cahier, manuscrit* ou *autographe* ont disparu des dictionnaires qui, eux-mêmes, ont depuis belle lurette sombré dans le néant après que la plupart des mots qu'ils recensaient eurent eux-mêmes cessé d'exister. Il me semble me souvenir qu'en ce temps de ma très lointaine jeunesse, les gamins tout comme leurs parents ne possédaient plus qu'un bagage d'environ cinq cents mots alors que les adultes de l'ère précédente en maîtrisaient cinq à six mille.

Je sais ce que vous me répondriez, si vous étiez capables de me lire et de décrypter ne fût-ce que quelques lignes parmi celles qui couvrent cette page, et capables aussi d'écrire. Vous me diriez qu'il est bien inutile de connaître autant de termes quand quelques verbes suffisent à se faire comprendre, tels *manger, dormir, baiser, tuer, tromper, dominer, prier, obéir* et quelques substantifs comme *chef, dictateur, maître, esclave, imbécile, traître* ou *terroriste*. Sans compter ces simplistes et malnommées « icônes » qui traduisent si bien nos états d'âme et, surtout, qui ont l'avantage d'être universelles. Et puis il reste les gestes et les grognements.

Il est bien suffisant, en somme, que ceux qui nous dirigent avec sagesse et compétence – qu'ils soient humains ou *I.A.liens* – possèdent seuls la connaissance des vérités essentielles et des concepts qui les fondent.

Je suis très vieux aujourd'hui, je crois vous l'avoir déjà dit ; tellement vieux en vérité que je serais incapable de vous dire mon âge. Cela aussi, il me semble que vous le savez. Pour tout vous avouer, je ne suis même pas certain de me souvenir vraiment de ces temps très anciens dont je parle ici, de ces noms, ces dates, ces événements que, peut-être, je ne connais que pour les avoir découverts dans les pages de livres maintenant oubliés. Dans mes rêves, parfois, des images, des sons, des histoires surgissent de ce qui, sans doute, constitue mon passé. Mais les rêves par définition – si j'ose dire – ne sont pas réels. Ces flashes étranges ne sont peut-être que créations de mon vieil esprit épuisé de vivre et de survivre. *Je rêve donc je suis*, cela du moins est certain, mais ce dont je rêve, ces voix et ces visages que je crois être autant de souvenirs, ils ne sont peut-être que fantasmes et illusions. Comment savoir ? À quoi bon, d'ailleurs, savoir ?

Il m'arrive de m'éveiller dans un rire jailli du fond de l'enfance ; mais c'est plus souvent avec les larmes du désespoir et du regret que je reviens à la conscience. Car ils sont si beaux, si lumineux, ces reflets de soleil et de vent, ces livres peuplés de mots qui s'envolaient comme des oiseaux, ces noms anciens et ces pensées à jamais disparus…

Cette nuit m'est ainsi revenue l'histoire de ce gars embastillé jadis en terre de Numidie, et c'est tout tremblant de colère que j'ai émergé du brouillard de mes songes, avec dans l'oreille la voix et le rire de cet homme aux cheveux gris retenus en catogan et au regard rempli d'ironique sympathie derrière de petites lunettes rondes. Il m'a semblé me souvenir d'une rencontre, d'une conversation et, surtout, des livres dont il fut l'auteur.

Lorsqu'il parlait, les mots et les phrases se bousculaient, comme s'il avait trop d'idées à exprimer, comme s'il pensait trop vite. Mais quand il écrivait, c'était autre chose, de miraculeux, de poétique, d'évident. Car, oui, il avait eu le tort de publier des ouvrages lumineux, intelligents, qui amenaient leurs lecteurs à réfléchir, à se poser mille questions. Un mot me revient, l'un de ces mots anciens que plus aucun être vivant sur notre Terre n'a lu ou entendu. Le mot *dystopie*. Et un nombre : *1984*.

Et donc... Très logiquement, son génie et son art ont déplu à certains, tant il est vrai que les crétins, sans exception, haïssent autant qu'ils jalousent ceux qui pensent mieux qu'eux. L'intelligence a toujours fait peur à ceux qui n'en ont guère, et plus encore aux gens de pouvoir dont l'autorité et la puissance ne reposent que sur l'ignorance et la crédulité des foules abruties de *fake news* comme on disait en ce temps-là, d'émissions télé consternantes de médiocrité et de jeux vidéo aussi violents qu'addictifs.

Un caïd numide le prit ainsi en grippe. C'était un individu qui avait connu diverses fortunes et occupé dans son pays toutes sortes d'emplois, parmi lesquels celui de ministre de la Culture. Il me semble me rappeler que son patronyme évoquait dans certains dialectes de chez lui, phonétiquement – et grossièrement – une partie du corps féminin que la décence m'empêche de préciser ici. Le comble lorsqu'on se prénomme « Serviteur du Glorieux », et que l'on se prétend glorieux soi-même ! Sa victime, quant à elle, se nommait en sa langue natale « source de connaissance et de sagesse », deux qualités qui, l'Histoire l'a maintes fois prouvé, peuvent conduire au bûcher ou à la potence. Et ce ne sont pas les mânes de Giordano Bruno qui me contrediront...

Le sort du malheureux plumitif dont j'évoque ici la triste histoire ne fut en tout cas pas plus enviable que celui de Giordano ou de Chénier. Pour ce que je crois en savoir, nul n'a jamais connu la fin de son aventure. Il était vieux, pas au même degré cependant que je le suis moi-même aujourd'hui ni que le fut en son temps son bourreau sans cervelle. Il était fragile, malade, et le sinistre dictateur qui l'avait fait enfermer – et qui ne se nommait pas Louis – se moquait bien de la souffrance de sa victime. Une victime qui, d'ailleurs, ne représentait à ses yeux qu'un pion sans valeur dont le seul mérite, en ces circonstances, fut de faire briller jusqu'en terre de Gaule la toute-puissance imbécile autant qu'injuste et provisoire de son barbare tortionnaire.

Car une hostilité farouche opposait le vieux peuple numide aux descendants des Galates devenus romains qui vivaient sur l'autre rive du *Mare Eorum*. Le sinistre despote au crâne plus luisant que les galets de ses plages haïssait avec force le chef galato-romain de l'époque qui, pour ne rien arranger, se trouvait affublé quant à lui d'un très chrétien prénom messianique et d'un patronyme qui n'avait rien à voir avec l'anatomie féminine : celui-là était, à ce qu'il paraît, synonyme du terme désignant une microparticule « plus petite qu'un grain de poussière ». Jolie métaphore pour un chef d'État, n'est-ce pas ?

Sur les plans philosophique et étymologique, tout cela ne manque pas de piquant. Mais les mots

« philosophie » et « étymologie » sont aujourd'hui tout à fait obsolètes, je le sais bien. Quant au mot « culture », il évoque inévitablement la célèbre citation apocryphe (aïe ! encore une expression passée à la trappe) attribuée à toutes sortes de dignitaires nazis, selon laquelle « *Quand j'entends le mot culture, je sors mon revolver* », un revolver qui, en réalité, semble bien avoir été un browning.

On le sait : seuls les imbéciles ne changent pas d'avis, ce qui explique que le numide ex-ministre de la Culture n'hésita pas à renier sa précédente fonction. Il s'en est pris sans remords ni états d'âme – et de quelle façon ! – à l'un des plus remarquables écrivains de son temps, figure essentielle de cette sagesse à la fois littéraire, philosophique et historique qui, à ces trois titres, représentait donc un réel danger pour le potentat qu'était devenu l'ancien ministre. Un danger d'autant plus grand à ses yeux que notre malheureux monsieur « source de connaissance et de sagesse » était berbère autant que galato-romain.

Ingénieur de formation, docteur en économie, tour à tour enseignant à l'université, chef d'entreprise puis haut fonctionnaire en Numidie, il avait un jour décidé de renoncer à toutes ces fonctions et aux avantages qui les accompagnaient. Il avait quitté la terre de ses aïeux et s'en était allé, au-delà de la Mer du Milieu, en un lieu qui prêchait la liberté (notamment celle de penser et d'écrire), la fraternité, la démocratie et la laïcité, et qui ne décapitait plus personne depuis quelque deux cent cinquante années. C'est là qu'un illustre sieur du nom de « *signore-scrittore-calamaio* » fut séduit par ses écrits et décida de les publier, ce qui marqua pour notre génial plumitif le début d'une gloire bien méritée. Les romans et les essais se multiplièrent, certains couronnés de prix divers. Le grand sachem au batave patronyme qui dirigeait alors son pays d'accueil le fit même *Chevalier des Arts et Lettres*, avant que l'un de ses successeurs, le Grand Microparticulien, lui octroie la nationalité galato-romaine. Tout allait donc pour le mieux dans le meilleur des mondes possibles, jusqu'au jour fatal où lui vint l'idée de se rendre sur sa terre d'origine, histoire d'y régler quelques affaires restées en suspens. Mais à peine avait-il posé le pied sur le sol numide que le Grand Inquisiteur de ces lieux le fit appréhender, avec les suites que l'on sait. Ou plus exactement, avec des suites que l'on ne saura peut-être jamais…

Et *c'est ainsi qu'Allah est grand*, comme aimait à le chanter sur tous les tons, en la première moitié d'un siècle révolu, un autre homme de lettres bien oublié, un certain Alexandre Vialatte. Affirmation qui, pour être aussi ironique que répétitive, ne lui a valu aucune censure. Mais il est vrai qu'il n'avait jamais visité la Numidie qui d'ailleurs, en ce temps-là, était possession galate.

NUIT NOIRE

Marianne Sluszny

documentariste et écrivain

Je traverse ma plus longue nuit. Dans le froid sidéral qui m'enveloppe et me pénètre, je la pressens infinie.

Je m'engourdis peu à peu, mortifié par l'obscurité du cachot, glacé par la solitude, étourdi par ma faiblesse de vieil homme malade qui ne s'alimente plus. Mes lèvres sont soudées. On a bafoué ma liberté, ma liberté d'expression, volé mes mots, défait mes phrases, piétiné mes romans, éradiqué ma pensée. On a écrasé l'allégorie, déchiqueté la métaphore, aboli la poésie. C'est ainsi qu'on tue les vérités qui doivent rester tues.

Je tente encore de résister en me parlant à moi-même. Silencieusement dans un cri sourd qui me remonte des tripes, contourne ma gorge puis se love dans mon esprit.

Je suis dans l'isolement total mais j'ai l'espoir que mes paroles muettes soient entendues et écoutées.

Je ne suis pas confus. Je refuse l'abnégation. Je veux résister. J'essaie de me faufiler à travers la porte étroite de mes dernières licences. Lorsque mes paupières s'alourdissent, des images et des sons me parviennent. Cette pellicule se projette sur l'écran de ma vie intérieure. En noir et blanc, avec des sonorités contrapuntiques ou atonales.

Voici donc.

Une de mes anciennes machines à écrire, puis les plus récentes, enfin mes claviers d'ordinateur. Deux lettres viennent animer mon esprit. Elles cliquettent l'une à côté de l'autre, que l'outil soit de la gamme Azerty ou Querty, : V et B. LiVre. LiBer… LiBerté.

Le livre est l'écrin de la vie. Lorsque ses phrases et chapitres sont censurés et contraints à l'absence, c'est parce qu'ils font sourdre puis jaillir des dissidences qui menacent les dogmes dont se nourrissent les pouvoirs iniques.

Voici donc.

Des photos qui défilent au fond de mon regard au rythme du bruissement du papier glacé. Est-ce moi le figurant que révèlent les clichés ? Oui, ils représentent l'écrivain que je suis ou que j'étais. Ceux qui apprécient ma prose ont leurs raisons. Une d'entre elles serait mon humour, l'éclat de rire qui s'invite au cœur des phrases les plus complexes, lorsque s'expriment des situations déroutantes dont les chemins ne cessent de bifurquer. L'humour ? Le rire ? C'est tenter de mettre à distance l'inconcevable. C'est une assise et un garant de l'esprit critique.

Mes photos… Les yeux fermés, je visualise l'expression de mon regard. Il est grave, mais rayonne du désir de provoquer. Il dit non, je l'espère, avec bienveillance. Je me souviens qu'il y a bien longtemps, on affirmait que mes yeux d'enfant scintillaient comme des nuées d'étoiles filantes. Qu'ils pétillaient, fougueux comme un feu de joie, lorsque je trouvais les mots qui créent la surprise ou la stupéfaction. Je me plaisais à contredire. J'étais un gamin farceur. J'agaçais parfois mais j'amusais souvent. Mes paroles décalées étaient jugées prometteuses. J'étais un jeune garçon qui suscitait la fierté de ses aînés. J'étais apprécié.

L'existence devrait cheminer sur une voie qui mène au discernement et à la circonspection. Mais vieil homme, je ne suis pas devenu sage. Je n'ai jamais cessé de cultiver mon impertinence et mon goût pour la polémique. C'est une propension qui relève de ma dignité et de ma vitalité. Jusqu'à mon dernier souffle, même si, de ma gorge ne se dégage plus aucun son, je n'abdiquerai pas de ma parole. Je suis incapable de faire l'économie des mots qui brûlent au fond de mon esprit. J'espère les avoir livrés avec la spontanéité et la générosité de celui qui ne prévoit pas les lendemains qui déchantent.

J'ai accordé récemment un entretien au média français que l'on dit de droite extrême : « Frontières ». Je m'en suis pris au gouvernement algérien, au fait qu'il avait instauré un Islam d'État. J'ai titillé un point sensible du régime en déclarant que mon pays natal avait usurpé des terres au Maroc.

J'ai donné ainsi au pouvoir d'Alger le prétexte pour me rendre invisible et inaudible. On est venu me cueillir à l'aéroport. On m'a déraciné comme une mauvaise herbe. On m'a arraché ma liberté pour me cacher dans un trou. C'est là ma place. D'ingrat, de mécréant. La pasionaria de la cause palestinienne, la députée européenne, la soumise de LFI, la djihadiste Rima Hassan, ne s'y est pas trompée. Elle a voté contre la résolution du Parlement européen[1] demandant ma libération. Elle m'aurait crevé les yeux si elle avait pris en main et déchiffré le titre d'un de mes romans : « Abraham », un titre de « koufir[2] ».

J'éprouve soudain un profond vertige. Je m'appuie aux parois de ma cellule. Je réalise que, depuis plus d'une demi-heure, je suis debout, dans la pose d'un conférencier qui agite trop les mains. Pour s'accrocher à ses propos, convaincre de sa persuasion et peut-être garder l'équilibre.

Je suis affaibli. Il y a quelques jours, j'ai entamé une grève de la faim. Je proteste contre le fait qu'on m'ait « suggéré » de ne pas me faire défendre par l'avocat dépêché par Gallimard, l'éditeur qui a publié la plupart de mes romans. Parce qu'il est juif et donc complice, pour l'éternité et dans toutes les cellules de son être, du soutien qu'Israël a apporté à la France pendant la guerre d'indépendance. Une « suggestion » ?

---

1. Votée le 23 novembre 2024.
2. Singulier de *Kouffar*, terme qui désigne un non-musulman, un infidèle. Terme souvent utilisé par les partisans de Daesh pour insulter leurs ennemis.

Quelle hypocrisie ! Mes geôliers ont refusé à mon conseil le visa qui lui aurait permis de venir à moi. Parce qu'il est juif.

Les Juifs en Algérie ? 150 000 au moment de l'indépendance, quelques dizaines aujourd'hui. Trop âgés pour quitter le pays, ils errent silencieux pour se faire oublier ou s'enferment à double tour pour pratiquer dans l'ombre des bribes de leurs traditions mosaïques, regrettant sans doute leurs synagogues presque toutes détruites ou transformées en mosquées.

L'Algérie, longtemps toute à son désir (légitime) d'indépendance, est désormais pétrie, jusqu'à l'obsession, par le refus de ce qu'elle épingle comme idéologie néocoloniale. Être juif c'est être sioniste, mot qui relève de l'insulte. Mon pays n'a jamais reconnu Israël. L'État juif ou plutôt l'« l'entité sioniste » serait un abcès qui ne cesse d'étaler ses miasmes purulents dont la consistance épaisse, puante et de couleur jaune ou verdâtre, empêche, pire que le dôme de fer, l'instauration d'un califat au Proche-Orient.

Assis sur ma chaise, je perçois le déclin du jour à travers les barreaux de ma fenêtre. J'éprouve soudain des émotions confuses. J'étouffe dans mon espace clos de prisonnier et je crains, corps et âme transis d'une peur que je n'ai jamais ressentie, celle de me retrouver à l'air libre, face à la mer, à l'horizon et à l'infini. Alors je creuse mes épaules amaigries pour m'enfermer en moi-même. Je tente d'éprouver le rétrécissement de mon corps comme si d'être amenuisé pouvait me protéger.

J'essaie de me raconter des histoires. Je me récite silencieusement l'une ou l'autre fable de La Fontaine : « L'enfant et le maître d'école », « Le coq et la perle »… Puis, je me risque au jeu de la vérité. Je me souffle à moi-même un secret. Je n'ai pas perdu la raison et je sais qu'il s'agit d'un secret de polichinelle. Ma mère était d'origine juive. Elle était surtout non pratiquante et acquise par éducation et affinités électives aux idées occidentales. C'était une femme aux mœurs dites dépravées, comme ces jeunes filles qui dansaient en tenues légères que le Hamas a assassinées le 7 octobre 2023 au festival Nova dans le sud d'Israël.

Mais le « vrai » juif de la famille donc « Le Juif » c'est moi. Cela remonte à mon enfance. Lorsque j'avais sept ou huit ans, mes parents se sont installés à Belcourt, un quartier populaire d'Alger. Nous vivions tous dans une seule chambre, accolée à la synagogue. J'aimais beaucoup le rabbin, un homme qui devait avoir 75 ou 80 ans (tout comme moi aujourd'hui). Il n'y avait plus de juifs pour assister au culte. L'érudit avait tout son temps pour me transmettre son savoir.

Très vite, on m'a moqué. On m'a baptisé « rabbinet », on me montrait du doigt et on se pinçait le nez quand on passait près de moi.

Il y a quelques jours que j'ai cessé de m'alimenter. Je n'ai à présent plus d'appétit. C'est une autre phase du tourment que j'impose à mon corps. Au début de ma grève de la faim, mon estomac se révoltait. J'essayais alors d'être compréhensif à son égard.

Je nous récitais «La grasse matinée»[1]: «… le petit bruit de l'œuf dur cassé sur un comptoir d'étain, il est terrible ce bruit quand il remue dans la mémoire de l'homme qui a faim…».

Lors de mes rares moments de sommeil, je rêvais de nourriture. Des mets défilaient devant mes yeux. Des provendes de mon pays natal. Le baghir[2], le bourek[3], la harira[4], la rechta[5], les smasa[6]. Que de réminiscences olfactives jouissives parvenaient à mes narines d'homme assoupi !

Une nuit, deux assiettes, comme des soucoupes en atterrissage, se sont posées sur une table revêtue d'une nappe à carrés rouges et blancs. J'ai vu la fumée qui s'échappait des plats de bœufs bourguignons et même la buée qu'elle faisait sur les verres de vin déjà presque vides.

Je me suis réveillé en nage et nauséeux. Je me suis souvenu. De cette taverne parisienne où, quelques jours avant mon départ funeste pour l'Algérie[7], j'ai déjeuné avec mon ami Kamel Daoud. C'était peu après le 4 novembre, date à laquelle il a obtenu le prix Goncourt pour son roman «Houris», publié aux Éditions Gallimard qui, dès le mois d'octobre,

---

1.   Poème de Jacques Prévert.
2.   La crêpe à mille trous.
3.   Pâtisserie salée et croustillante.
4.   Soupe au levain.
5.   Plat à base de fines nouilles composées de semoule.
6.   Triangles farcis à la pâte d'amande.
7.   Le 16 novembre 2024.

avaient reçu l'avis[1] de son interdiction de présence au salon d'Alger, une galerie annuelle ouverte aux livres non censurés par les matons pilleurs de la liberté d'expression.

« Houris »[2] donne de la voix à Aube, une femme au prénom lumineux, dont la gorge a été tranchée par un « fou de Dieu » lorsqu'elle était petite fille. Aube, survivante mais mutilée à jamais, défigurée par une cicatrice qui s'étale d'une oreille à l'autre, ne peut respirer que par trachéotomie.

« Houris » : « La langue d'une femme, la parole d'un éditeur », avait titré un journal français[3] ! Le livre de Daoud compte 411 pages. C'est loin d'être trop pour un roman historique qui confie le verbe à une martyre de la décennie noire de l'Algérie[4], ces années de guerre civile où les milices islamistes du FIS[5], estimant que la gouvernance leur avait été confisquée, ont torturé, supplicié, exécuté entre 100 000 et 200 000 personnes[6].

Ces années-là ? Les victimes n'ont pas le droit d'en parler. Personne d'ailleurs. C'est le règne de la mémoire prohibée. Un âge qui donne ses faveurs à l'amnésie et au négationnisme. Une ère dotée d'un pouvoir qui a promulgué une loi qui interdit toute

---

1. Non motivé.
2. En Islam, ces femmes célestes qui, selon le Recueil des préceptes, récompensent au Paradis les bons musulmans.
3. *Le Monde.*
4. 1992-2002. Dites aussi « Années de plomb ».
5. Front Islamique de Salut.
6. Le décompte n'a jamais été effectué.

évocation des « années de plomb ». Avec « Houris », Kamel Daoud a trahi l'Omerta. C'est un coup de tonnerre. Le ciel n'est pas serein. À travers la fenêtre de ma cellule, je n'aperçois aucune étoile dans la nuit. Peut-être parce que, depuis mon premier roman, « Le serment des barbares »[1], je n'ai eu de cesse de dénoncer les exactions des islamistes.

Nous sommes toujours dans ce temps d'inhumanité. Au cœur des Ténèbres.

Je suis épuisé. Je pense à ma femme malade que l'on soigne à Paris. La reverrai-je un jour ? Je me sens coupable de l'avoir abandonnée. Je m'accroche à l'espoir, cette inclination de l'être humain incorrigible et incurable.

Je sais que des comités sont créés, que des émissions de télévision sont diffusées, que la presse témoigne, que des revues sont publiées, que des pétitions circulent. Toutes en ma faveur.

Je sais que je peux compter sur mes amis, mes sœurs et frères de cœur et de (libre) opinion. Je suis très touché par cette efflorescence de solidarité. Je ne puis que remercier, infiniment, avec force et humilité. Car, au fond de mon trou, ne me parviennent que des fragments de ce qui se fait pour moi. Comme les prisonniers de la caverne de Platon, je ne vois que des ombres. Je me pince alors le bras pour que la douleur me garde en éveil et m'offre le moyen d'échapper au mythe et d'entrevoir le faisceau de lumière qui s'immiscerait entre deux pierres mal taillées de

---

1. Publié en août 1999 chez Gallimard.

la grotte. C'est ainsi que j'ai perçu «le» message. Un ouvrage est prévu de sortie pour le 27 mars en France. J'espère être toujours vivant d'ici là. Il s'intitule « Pour Boualem Sansal »[1]. C'est un collectif dirigé par Pascal Bruckner et Michel Gad Wolkowicz. Ils sont tous deux juifs mais le pouvoir d'Alger n'y verra que du feu. Quelques contributeurs : l'écrivain franco-algérien, mon ami Kamel Bencheikh, le philosophe et essayiste Raphaël Enthoven, la philosophe, spécialiste du siècle des Lumières, féministe universaliste et femme d'affaires, Elisabeth Badinter, le Premier ministre d'Emmanuel Macron durant toute l'année 2024 : Gabriel Attal, l'avocate au barreau de Paris, à l'origine d'une tribune qui s'oppose aux accès ouverts en faveur du port du voile au sein de l'institution judiciaire, Lara Fatimi, l'avocat de l'hebdomadaire satirique Charlie Hebdo, Richard Malka…

Je suis transi de froid. Mon corps s'ankylose, mes mains tremblent, mes doigts s'engourdissent. La peur m'a abandonné. Mais pas la déception. Je souhaiterais tellement me tromper. Je présume que cet ouvrage sera considéré avec une hauteur dédaigneuse par la «gauche». Jaugé comme une revue de «droite». Épluché avec une indigente logique : *un collectif de « droite » pour sauver la tête d'un homme de « droite »…*

J'assume ce mécompte. Aujourd'hui, être de «droite», c'est dire non à l'islamisme et aux dogmes, oui à la lumière des Lumières, et épandre la conviction (la conviction, pas la croyance, encore moins la foi) que l'esprit humain est d'une tessiture universelle.

---

1. Publié chez David Reinhard Éditons.

La « gauche » a abdiqué ses sources républicaines et piétiné la laïcité politique. Elle flirte avec les cultes identitaires, elle s'exalte pour l'intersectionnel (rien de nouveau, il est préférable d'être en liberté et en bonne santé que de moisir en prison, atteint d'un cancer!), elle encourage parfois la haine destructrice des édifices et des statuaires du passé et elle relaie les appels à décoloniser l'art, le savoir, le droit, l'écologie, l'architecture, le féminisme, la sensibilité et même la mode…

Merci à tous ceux qui prennent ma défense. Tous. Les célèbres, les médiatiques, les notoires, les institutionnels, parmi lesquels, oui, beaucoup d'amis… et les « obscurs », ces prétendus petits qui œuvrent dans l'ombre, avec révolte mais aussi empathie, presque de l'affection. Des débordements? Il y en a toujours. Les méconnus se laissent parfois aller car ils n'ont rien à perdre. Certains prendront peut-être la parole ou la plume à ma place. Avec des accents de vérité ou en se trompant un peu, beaucoup… Qu'importe. Jamais, au grand jamais, je ne pourrais leur en vouloir. Je ne suis pas un monstre. Avant de m'endormir, pour la nuit ou à jamais, je pense à une petite main dont l'intention est venue jusqu'à moi. Je songe à sa touchante certitude: le prochain roman de Boualem Sansal sera une politique fiction. Son titre: « Et s'il n'y avait pas eu le 7 octobre, aurais-je été emprisonné »?

LIBERTÉ !

Nathalie Stalmans

écrivain

Bruxelles, le 10ᵉ jour du mois de février de l'année 1568.
Requête adressée à sa majesté catholique, Philippe, roi d'Espagne, de Naples, de Sicile, de Jérusalem, archiduc d'Autriche, duc de Bourgogne, de Brabant et de Milan, comte de Habsbourg, de Flandre et d'Artois, seigneur des Indes et des Océans.

Sire,
Les perplexités, qui chaque jour s'accroissent, me forcent à trouver la hardiesse d'envoyer la présente à votre majesté.
Mon cœur se serre, ma vision est floue. Si le tracé de mes mots vous paraît hésitant ou au contraire trop vif, si ma main chavire, c'est qu'elle oscille entre l'incompréhension et la fièvre.
Le comte Lamoral d'Egmont, prince de Gavre et de Steenhuyse, chevalier de votre ordre de la Toison

d'Or, mon bon seigneur et mari, est en prison depuis cinq mois. Il est détenu au château de Gand, sous une garde sévère qui ne lui permet pas de sortir de sa chambre et ne m'autorise pas à le voir. Les nouvelles de lui que je parviens à glaner ne sont pas bonnes : il aurait maigri, il serait malade. Le comte a toujours conservé sa santé grâce à l'exercice au grand air. Je supplie donc votre majesté de lui procurer une de vos demeures pour maison ; notre famille et nos biens peuvent servir de caution. Si cette grâce ne peut lui être accordée, qu'il puisse au moins prendre l'air dans les dépendances de sa prison.

Il y a quelques semaines, après des mois d'ignorance quant aux raisons de son arrestation, mon mari a enfin reçu son acte d'accusation. Il lui était accordé seulement cinq jours pour répondre, avec interdiction de rencontrer ses avocats ou de consulter ses papiers, ce qui revenait à devoir tout reprendre de mémoire. Nous avons protesté de l'illégalité d'une telle procédure et de l'incompétence des commissaires. Il était impensable que le comte dût compléter seul et sans document, son dossier de défense ! Alors que nous attendions la réponse à nos objections, mon mari fut déclaré coupable, vu que les cinq jours s'étaient écoulés sans qu'il ait rédigé une simple ligne !

Sire, vous ne pouvez ignorer le mouvement de contestation qui secoue l'Europe entière devant une telle pratique. La reine d'Angleterre, le duc de Bavière, l'empereur du Saint-Empire et d'autres sommités de la Cour vous ont manifesté leur étonnement et ont insisté sur l'importance que l'affaire soit traitée correctement.

En attendant, les actes de mon mari, je vais vous les décrire. Sans avocat, sans lettre, sans témoin, je vais tout vous expliquer. Cinq jours ne seront pas nécessaires.

Il y a deux ou trois ans, le monde a commencé à vaciller. Comme des loups, des prédicateurs adeptes de Luther sont sortis des campagnes. Ils ont dénoncé les comportements coupables des riches, les péchés des papes, et la misère qui menace. « Le catholicisme est une oppression », ont-ils dit. Des bandes se sont introduites dans les églises, dans les couvents, et même chez les particuliers. Ils se sont attaqués aux images, aux statues, aux crucifix qu'ils ont détruits à coups de marteau. Ils ont jeté des pierres sur les vitraux et ont volé les vêtements ecclésiastiques, de telle sorte que nous croisons aujourd'hui des bourgeois vêtus de culottes taillées dans des velours de prélats.

L'iconoclasme n'a épargné aucun lieu. Du nord de la France à Anvers en passant par la Zélande et par Bruxelles, le fléau s'est abattu sur le pays entier.

« Il faut purifier », disaient ces protestants, ce qui signifiait détruire. Ils s'exprimaient avec espoir. Ils étaient convaincus que, sur du néant, un monde nouveau peut voir le jour. « Nettoyons les églises. Ôtons les symboles anciens et instaurons un nouveau culte ». Ils se trompaient. Les murs dénudés n'étaient pas vides. Les anciens rêves y restaient agrippés. Alors, ils mettaient le feu aux bâtiments.

La colère habitait les cœurs. La population avait rejoint les prédicateurs. En vérité, la crise était moins religieuse que politique. L'armée d'Espagne laissée sur nos terres au mépris de nos lois et qui causait mille troubles avait radicalisé les esprits contre vous, Sire. Les hivers rigoureux et des années de disette avaient enflammé les haines. En définitive, basculer dans le protestantisme, c'était refuser le catholicisme, mais surtout c'était s'opposer à vous, Roi très Catholique, à votre gouvernement, à la mainmise de l'Espagne sur ces terres. Briser des statues était devenu un geste de résistance, une affaire d'honneur.

Les exécutions des meneurs, écartelés en place publique, ne calmaient pas les esprits.

En ces temps-là, vous aviez nommé mon mari gouverneur de la Flandre. En cette qualité, il est allé à la rencontre des iconoclastes, des émeutiers. Il a entendu leurs plaintes : le blé qui avait pourri dans les champs, la hausse des prix des produits alimentaires, la perte de confiance dans un gouvernement qui gérait le pays à distance, depuis l'Espagne. Où était Madrid ? Ces gens-là n'en savaient souvent rien. Devant le spectre de la famine, le peuple avait tendance à se demander s'il ne fallait pas changer de gouvernement et prier Dieu autrement.

Mon mari a pris le temps de les écouter. Il les a assurés de votre bonté, de votre indulgence. Les foules se sont calmées. Il a parlé de respect, d'une coexistence pacifique entre les communautés, de pardon général, d'une autorisation du culte protestant sous conditions, d'une possible construction de temples aux abords des villes.

Voilà son crime, Sire : l'amour de la liberté.

Ensuite, le comte vint en Espagne vous rencontrer. « Seule la douceur peut conduire à la paix », vous a-t-il dit. Il évoqua les failles de l'Église : ces prêtres qui ne mènent pas toujours une vie respectable et dont l'instruction laisse à désirer. Pour ramener les émeutiers au catholicisme, ne fallait-il pas renforcer l'enseignement, exiger la pureté des mœurs? Une telle politique ne ferait-elle pas meilleure impression que des édits rigoureux et la menace de la potence?

Mon mari a agi comme son rôle lui demandait de le faire. Il a cherché des solutions pour que dure la paix. Il a invoqué les bénéfices d'un gouvernement modéré, il vous a supplié de clémence. Il ne parlait alors ni pour lui, ni même pour le peuple, mais pour vous, Sire : pour que votre règne soit grand, pour que l'Espagne soit prospère et puissante. Une guerre ruine toujours un pays, et une guerre civile est un conflit de la pire espèce. La haine ferme les cœurs pour de multiples générations. Les têtes roulent. Ne voyez-vous pas que du sang de vos victimes émergent des révoltes, toujours plus implacables et cruelles?

Cependant, vous avez refusé d'entériner ces concessions. N'importe quel compromis était pour vous excessif. Il n'était pas question de déroger à une politique religieuse intransigeante. Vous avez au contraire durci votre position. Vous avez décrété : le catholicisme doit seul régner. Ne pas s'y soumettre, c'est s'opposer à l'Espagne, à moi, et commettre un crime de lèse-majesté. Vous avez envoyé ici le duc d'Albe avec pour mission de remettre de l'ordre. Ignorez-vous son fanatisme, ses méthodes expéditives, le passé de son armée qui rentre d'Amérique et dont on raconte que, là-bas, elles ont laissé un pays dévasté?

Vous avez institué un «Conseil des Troubles» que vos sujets ont appelé «Tribunal du sang». L'inquisition espagnole fut de retour avec pour mission de réprimer les révoltes, d'éradiquer le problème protestant. La paix péniblement restaurée n'a donc pas duré ; les émeutes ont repris de plus belle. La répression est devenue quotidienne et féroce. Ce tribunal condamne à mort ou à la prison des milliers de gens sans procès régulier. Le paysage s'est constellé de gibets, d'échafauds et de bûchers.

Un soir de septembre dernier, après avoir vaqué au Conseil de votre majesté à l'Hôtel du duc d'Albe, alors que la journée de travail s'achevait et que d'ailleurs le duc s'était déjà retiré, un capitaine espagnol vint vers mon mari lui réclamer son épée. C'est ainsi que le comte fut fait prisonnier. Depuis, vous avez été assailli par des lettres de toute l'Europe. Toutes réclament, sinon sa mise en liberté, du moins un procès légitime.

Seuls comptent pour mon mari la gloire de Dieu, le service du Roi et la tranquillité du pays. Il était convaincu que vous soutiendriez ses promesses. Il vous avait toujours servi avec loyauté. Il se croyait votre ami. Vous l'avez traité de traître. Vous lui avez reproché d'avoir prôné la liberté de culte, d'avoir soutenu les pilleurs, d'avoir incité à la rébellion contre votre gouvernement.

Ces reproches l'accablent.

Dans sa jeunesse, il fut nommé capitaine général de la cavalerie royale et chevalier de la Toison d'or. Il était le protégé de votre père, l'empereur Charles Quint. Plus tard, en votre nom, il a mené victorieusement les armées espagnoles contre la France à Saint-Quentin en 1557 et à Gravelines en 1558. Il est parvenu à négocier votre mariage avec la princesse anglaise, Marie Tudor. Vous l'avez nommé gouverneur de la Flandre.

Aujourd'hui, moi, son épouse, je suis réduite à me promener nu-pieds dans tous les lieux de dévotion de Bruxelles, afin de prier la Vierge et tous les saints de venir en aide à ma famille. J'ai onze enfants et ils sont tous mineurs, Sire. Le dernier vient de naître et n'a jamais connu la sécurité des bras d'un père.

Si mon mari est condamné, nos biens seront confisqués. Certaines voix me conseillent de fuir. J'espère en la bonté et la justice de votre majesté qui ne voudra souffrir que je doive quitter le pays avec mes onze enfants pour aller chercher le moyen de vivre en terre étrangère alors que j'ai été conduite ici par l'empereur votre père.

Car c'est l'empereur Charles-Quint lui-même qui arrangea notre mariage. Je n'avais pas seize ans quand j'ai épousé le comte. J'appartenais à la prestigieuse maison princière allemande des Wittelsbach. En raison de mes liens avec les Habsbourg, je représentais un bon parti pour l'un des plus riches et des plus talentueux généraux des Pays-Bas. J'ai quitté la Bavière. J'avais été éduquée dans le protestantisme, le saviez-vous ? Je suis devenue catholique en me mariant et j'ai rompu avec ma famille.

Le comte est devenu mon unique monde. Je n'ai que lui.

Sire, je n'ai plus que vous.

Je souhaite votre arrivée prochaine en ces contrées. Venez connaître la vérité des choses et, par votre présence, apporter le remède que les Pays-Bas requièrent. Je mets en vous toute ma confiance. Souvenez-vous que les grands rois n'ont rien de plus agréable aux yeux de Dieu que la mansuétude, la clémence et la bienveillance. Entendez les cris de votre peuple. Ayez pitié de lui et de moi.

Sabine, comtesse palatine, duchesse en Bavière, désolée princesse de Gavre et comtesse d'Egmont.

> Note :
>
> Le comte d'Egmont est décapité le 5 juin 1568 sur la Grand-Place de Bruxelles en compagnie du comte de Hornes. Cette double exécution marque symboliquement le début de la «Guerre de Quatre-Vingts ans», une guerre civile qui opposera protestants et catholiques. La guerre prendra fin en 1648 avec la reconnaissance par l'Espagne de l'indépendance de la République des Provinces-Unies (actuels Pays-Bas).
>
> La comtesse d'Egmont s'est effectivement adressée à Philippe II d'Espagne. Certains passages de mon texte, notamment le début et la fin, sont inspirés de sa requête (éditée par G. Dansaert, *Une belle figure de femme aimante au XVIe siècle : la Comtesse Lamoral d'Egmont*, Bruxelles, 1934, p. 44-45). Le roi n'y répondit pas.

CE MATIN ENCORE...

Ariane Van Compernolle

écrivain

Ce matin encore
Je me suis réveillée avec, sur les lèvres, le mot
Liberté

Je dors dans un lit, sous un toit
Je mange à ma faim
J'exprime librement mes opinions
Ce matin, je le peux encore

Ce matin encore
Des hommes et des femmes se sont réveillés en prison
Enfermés parce qu'ils ont exprimé leurs opinions
Dans des livres, des journaux, sur des pancartes
Dans leurs cris
Ils croupissent derrière les barreaux
Humiliés, parfois torturés
Des femmes et des hommes de tous âges
En bonne santé ou malades
Qui ont osé exprimer leurs idées

Contraires à celles d'un pouvoir
Délit d'opinion. Délit d'expression. Délit de faciès.
Délit de religion, ou de non-religion.
Délit d'exercer son droit à l'expression, à la libre circulation
Des familles ont peur de ne plus revoir celles et ceux qu'elles aiment
Des familles ont peur, si les prisons s'ouvrent, d'en voir sortir d'étranges ombres
Habillées de linceuls colorés ou déchirés

Ce matin encore
Sous prétexte d'une différence de couleur de peau, de langue, de croyance, de culture,
Des femmes, des hommes et des enfants
Sont relégués dans l'ombre des froides banlieues
Assoiffés, affamés, humiliés
Des hommes, des femmes et des enfants
Embarquent sur des canots
Coquilles de noix ballottées sur les flots

Ce matin encore
Nombre d'entre eux, épuisés,
Sont tombés dans les eaux glacées
Les pêcheurs ont peur de remonter leurs filets
Dans lesquels, parfois,
Les poissons côtoient d'étranges ombres
Habillées de linceuls colorés ou déchirés

Ce matin encore
Des enfants dorment à même le sol,
Sous des tentes qui claquent dans le vent

Et tremblent sous les bombes
Des enfants sont affamés, violés, exploités
Enrôlés comme soldats
Des enfants sont privés de leur enfance

Ce matin encore
Des dirigeants
Tiennent des discours de haine et de rejet
Commettent des actes de barbarie et de totalitarisme
Détentions arbitraires, condamnations, expulsions, répressions, exécutions

Ce matin encore
Des terroristes
Tiennent des discours de haine et de rejet
Commettent des assassinats et des attaques au summum de la barbarie
Attentats, massacres, enlèvements, viols

Ce matin encore
J'entends
Racisme, sexisme, censure
Et je ne comprends pas
Comment nous en sommes
Arrivés
Là

Ce matin encore
Je me réveille dans un monde dans lequel
Plus que jamais
Il faut se battre pour sauver
Mes libertés

Tes libertés
Ses libertés
Nos libertés
Vos libertés
Leurs libertés

LA RÈGLE
DE GRAMMAIRE
Carmelo Virone

écrivain et critique

« Nous sommes seuls dans ma cellule »
Guillaume Apollinaire,
Belle clarté Chère raison

J'ÉTAIS bon élève, en calcul comme en français. J'avais réponse à tout et j'étais le premier à lever le doigt quand notre instituteur nous interrogeait, au point que parfois il m'évitait pour laisser s'exprimer d'autres élèves de la classe. C'était de bonne pédagogie, comme on dit de bonne guerre.

La leçon du jour portait sur l'accord du participe passé. Mais pas n'importe lequel : le participe des verbes pronominaux, dont il faut savoir s'ils sont réfléchis ou réciproques avant de déterminer quelle règle s'applique. Les appellations ont changé, mais les principes sont restés les mêmes : « Le participe des verbes intrinsèquement réfléchis *(s'apercevoir)*, médiopassifs (*se vendre*) ou neutres (*se casser*) s'accorde en genre et en nombre avec le sujet : *Ils se sont aperçus de leurs erreurs.* »

Donc, ce matin-là, l'instituteur nous avait demandé s'il fallait ou non accorder le mot qu'il venait d'écrire au tableau. Lequel ? Je n'en sais fichtrement plus rien, mais convenons qu'il s'agissait du participe passé du verbe expliquer, comme dans la phrase : « Paul et Virginie se sont expliqué la règle ».

Après une rapide réflexion, sûr de mon fait, j'avais répondu « invariable ». Le maître avait aussitôt rejeté ma solution d'un *non*! sans appel, qu'il avait souligné d'un geste large de son bras tendu pour biffer ma réponse dans l'espace.

Monsieur Lecarte était un homme sévère. Il n'était pas seulement l'instituteur de cinquième primaire, mais aussi le directeur de l'école. On le respectait et on le craignait. Bien des années plus tard, en lisant un article sur la presse clandestine à Seraing durant la Seconde Guerre mondiale, j'ai appris qu'il avait rejoint dès le mois d'août 1940 un groupe de Résistants bien résolus à contrer la propagande allemande en arrachant ses affiches et en distribuant des tracts antinazis, puis en imprimant et diffusant un journal clandestin qui paraissait deux fois par mois, la *Churchill-Gazette :* « Notre but, chers lecteurs, est de raffermir et d'encourager le patriotisme belge jusqu'à l'heure proche et certaine de la délivrance. Nous devons faire connaître aussi les progrès accomplis par nos alliés, en opposition avec la situation toujours plus compromise de l'Axe. Nous devons lutter contre le défaitisme particulier de notre presse, qui consiste à déclarer vaine la résistance à l'oppresseur et dénoncer les crimes rexistes. »

À l'époque j'ignorais tout de ces faits d'armes. Pour l'heure, j'avais devant moi un homme au crâne chauve, aux lunettes cerclées de métal, qui m'impressionnait grandement par l'autorité de sa voix et de sa stature. Et je me sentais perdu. En quoi avais-je pu me tromper? J'avais beau réfléchir, j'en revenais toujours aux mêmes conclusions. Autour de moi, j'entendais mes disciples lancer d'autres réponses: il faut *s*, m'sieur! Non, m'sieur, il y a un *e* puis un *s*, parce qu'il y a une fille et avec les filles il faut *e* (nous étions une classe de garçons). De temps en temps, Monsieur Lecarte demandait à l'un d'eux, Jacques, Michel, Zoltan ou Ferruccio: pourquoi dis-tu cela? Et devant les réponses obtenues, il faisait entendre à chaque fois son redoutable *non*! en affichant un air de plus en plus irrité.

Je m'étais tu un moment, ébranlé dans mes certitudes. J'avais relu la phrase écrite au tableau, m'étais remémoré la règle, puis, convaincu que ma première réponse avait été la bonne, je m'étais risqué à nouveau: mais, c'est invariable, puisque le COD vient après. Monsieur Lecarte avait jeté un rapide coup d'œil au tableau, puis sans me répondre, s'était tourné vers la classe. Certains avaient gentiment tenté de me porter secours, en essayant de me convaincre que j'avais tort de m'obstiner: le maître ne peut pas se tromper, ça ne va pas de le contredire. D'autres s'étaient contentés de balayer mon explication: il est avant le COD, puisqu'il est écrit: *SE* sont...

Je n'avais pas d'autre argument. Mon horizon vacillait. Je ne comprenais rien à ce qui se jouait.

Pourquoi celui qui nous avait expliqué la règle que je m'efforçais d'appliquer correctement refusait-il de me donner raison ? Brouillard. Puis, dans ce brouillard, un coup de tonnerre : « Bande d'imbéciles ! » C'est notre instituteur qui grondait ainsi sur toute sa classe, puis qui ajoutait en me désignant : « C'est lui qui a raison ! »

Je ne crois pas que sa manœuvre ait été délibérée. Sans doute avait-il eu un moment de distraction, puis, se rendant compte de son erreur, il avait voulu tester jusqu'où la classe était prête à le suivre et jusqu'où la conduirait la soumission à l'autorité qu'il incarnait.

De ce souvenir de collège, j'ai conservé une évidente fierté ainsi que, je le confesse, un certain orgueil. Mais s'y ajoute une forme d'accablement, lié à des expériences ultérieures. Dans un groupe, on s'oppose rarement aux maîtres de la parole sans qu'aussitôt la plupart des gens viennent le conforter dans son autorité. Sans doute imaginent-ils qu'ils auraient trop à perdre, que la cohésion du groupe serait ébranlée si cette autorité était soumise à discussion. Et les maîtres de leur côté, même quand ils se sont aperçus de leurs erreurs, ont le plus souvent du mal à le reconnaître.

La leçon vaut bien un hommage, sans doute : à Monsieur Alphonse Lecarte (1908-1985), instituteur et Résistant.

EN ORDRE DE BATAILLE

Yves Wellens

écrivain

L'ANNONCE officielle a naturellement fait l'effet d'une véritable déflagration, bien que, à y réfléchir, ce n'était pas une si grande surprise: car il était assez logique que de telles recherches soient menées, tant leurs véritables commanditaires étatiques, dissimulés derrière des entreprises privées *a priori* parfaitement recommandables, escomptaient en tirer des perspectives, si elles aboutissaient.

Les très anciennes visées de tous les pouvoirs autoritaires prenaient donc la forme de réalités concrètes.

Il allait cependant falloir négocier habilement la présentation à l'opinion du «produit» et de ses conséquences. Certes, l'époque était au tour de vis sécuritaire, et la plupart des gouvernements, y compris dans les démocraties les plus avancées, étaient désormais alignés sur cette perspective. Mais, tout de même, il y avait là quelque chose de vertigineux: on ne pourrait «vendre» l'irruption officielle de ce «rêve malsain» qu'avec quelques précautions ; de cela, même les plus enthousiastes soutiens et zélateurs du projet convenaient.

Pour reprendre les mots de l'un des rares journaux encore fiables et, du fait de sa rigueur sans faille, non inféodé aux *fake news* et autres balivernes propagées sans discontinuer à l'échelle planétaire, il s'agirait de « se munir des dernières pincettes » qu'on pourrait trouver, et surtout de ne pas verser dans un triomphalisme sans nuances. Tous les faiseurs d'opinions, tous les «gourous» ou experts en communication dont s'étaient entourés les concepteurs s'en rendaient bien compte : le «grand public» pouvait, devant un tel programme et ses répercussions, être effleuré par un «sursaut moral», sans doute d'un autre temps mais dont les résidus pourraient revenir flotter à la surface des consciences. Il fut donc convenu qu'on permettrait à cette parole de s'exprimer un peu, sans y répondre, avant de la laisser se diluer et dépérir à la longue.

Le même journal de référence, pour introduire et décrire ce qu'il appelait « le dessein des autorités », commença par citer les propos de Nick Cave, le célèbre chanteur australien, qui s'insurgeait contre les programmes d'Intelligence artificielle dans sa discipline. En parlant de l'apparition d'un logiciel récent, il déclarait :

« C'est un logiciel qui génère des chansons. Vous lui donnez vos indications, vous entrez vos paroles et, en quinze secondes, vous avez un titre complet, produit, prêt à écouter. Cette machine est tout simplement en train de supprimer quelque chose de fondamental : ce qui vous pousse à vous asseoir, là, et à vous arracher les cheveux pour produire quelque chose de valable, de signifiant, de transcendant. Cette lutte, cette confrontation, l'intelligence artificielle la considère comme un obstacle à éliminer ».

Et de conclure :

« Les œuvres qu'elles (ces machines) produiront seront sans intérêt. Leur cœur sera vide. Mais elles existeront. Pour moi, elles attaquent la nature sacrée des choses, des idées. Les réseaux sociaux font ça aussi. »[1]

Sans pouvoir le dire ouvertement, le processus en voie de finition était de cette veine, et répondait à un vœu ancestral : à ce fantasme, à ce « rêve malsain » du contrôle de la parole, et surtout de démanteler à l'avance toute forme d'opposition aux agissements et aux objectifs des dictatures. Le protocole mis en place permettait non seulement de suivre le fil de la réflexion d'un écrivain ou d'un penseur, élaborée en vue de la publication, dans des journaux ou autres tribunes nécessairement malveillantes et critiques ; mais surtout de *couper ce fil* avant qu'il ne se pose sur le papier, et d'entraver ce développement, et ainsi de l'annihiler.

De ce côté-là aussi, les enjeux, de même que pour l'IA, étaient gigantesques.

Et voici que, par une sorte de grâce spéciale, sous l'effet d'une conjoncture délibérément guerrière et

---

1. La citation de Nick Cave est extraite d'un entretien accordé à *Libération,* dans son édition du 29 août 2024.

d'une rhétorique désignant «l'Autre» en tant qu'ennemi, l'annonce se passa nettement mieux qu'on le redoutait, ce qui montrait clairement que, avec le raidissement de l'époque, bien des verrous, moraux comme intellectuels, avaient sauté, et qu'on paraissait soudain disposé à ne plus écouter les voix qu'on qualifiait auparavant de «dissidentes», voire de «raisonnables».

L'injection de ce nouveau «produit», par une piqûre appropriée dans le cerveau provoquait chez le sujet un phénomène instantané: sitôt qu'il roulait dans son esprit une pensée non conforme aux préceptes du régime en place, il était en proie à des troubles irrépressibles, qui agissaient à la manière d'un révulsif et le faisaient renoncer à pousser plus loin ses idées: et ainsi, toute forme d'opposition (ses concepteurs préféraient parler de «dérapage») était anticipée, prévenue, devancée: et finalement bannie.

Il fallait «éloigner le spectre de la raison»: et on y était parvenu.

On pouvait désormais se laisser porter par la griserie de tous les mensonges et fausses opinions et se livrer à tous les excès de langage et d'insultes, sans qu'il en coûte.

La défaite de l'esprit était scellée: ce qui dégageait l'horizon, en même temps qu'on pressentait que cela l'assombrissait pour une très longue durée.

***

Il y eut pourtant une résistance, dont chacun s'accordait à dire qu'elle serait probablement ultime.

On consentit à écouter une dernière fois les doléances d'un groupe de scientifiques, d'artistes et d'écrivains. Et on trouva bon de leur attribuer (en guise d'adieu?) le statut particulier qu'ils réclamaient. Pour se prémunir contre les effets de la nouvelle découverte, pour préserver l'intégrité (c'est-à-dire l'intégralité) de leurs facultés, ils obtinrent de pouvoir se retirer et former une « colonie » à l'écart de tout.

On leur décerna donc une nationalité spéciale : et en masse ils se firent naturaliser *Auteur*. On s'efforça aussi de trouver un territoire où ils pourraient vivre, à condition de ne jamais le quitter et de ne rien tenter pour propager leurs écrits ou leurs œuvres à l'extérieur. Ils acceptèrent, et émirent à leur tour une condition : que celles et ceux qui étaient alors en détention pour leurs convictions soient libéré-es, en Iran, en Algérie, partout. Et en effet, elles et ils le furent.

On leur donna une île lointaine dans le Pacifique, reliée au continent seulement de manière épisodique. Ils s'y installèrent progressivement, en obtenant des garanties pour leur survie matérielle (outils pour la production agricole envisagée et assurances en termes de ravitaillement). Ils rédigèrent une Charte des Droits, et se mirent vite à imaginer des moyens pour que leurs œuvres, écrits et travaux atteignent le « reste du monde ».

On ne connaît pas encore l'identité de cette île. On sait simplement que plusieurs noms circulent.

Le plus souvent cité est celui d'OASIS.

DÉLICATE ATTENTION
Leïla Zerhouni
écrivain et enseignante

Il y a quelques mois, lorsque vous étiez de passage dans une célèbre librairie de Bruxelles, un ami m'a offert votre dernier livre, dédicacé à mon nom. Délicate attention. Assis devant le bar, vous vous étiez laissé approcher. En toute simplicité. Et vous aviez discuté, comme de vieux copains. J'aurais voulu accompagner mon ami, mais ce soir-là, il m'était impossible de me libérer.

Je le regrette à présent.

Nous aurions pu discuter de votre pays, *El Djezaïr*, qui est aussi le pays de mon père.

De l'amour que nous lui portons, chacun à notre manière.

Nous aurions évoqué *la Numidie, les Phéniciens, le Musée Bardo, le port d'Alger, la limonade « Hamid Bouelem »*.

Nous aurions convoqué *Mohamed Dib, Youcef Sebti, Mouloud Feraoun, Jean Senac.*

Le soleil qui caresse les peaux, la baie d'Alger et les bougainvilliers aux couleurs éclatantes que vous ne pouvez plus apercevoir depuis votre geôle.

Nous aurions disserté sur les grands virages de l'histoire, la décennie noire, les chemins non pris, les rendez-vous manqués, les rêves étouffés, les espoirs déçus.

Nous n'aurions pas été d'accord sur tout, mais nous nous serions écoutés dans le respect, la bienveillance et la tolérance, comme mes parents me l'ont appris.

Nous aurions pu discuter de tant de choses, si j'avais accompagné mon ami, ce soir-là.

Promettez-moi de revenir en Belgique, Monsieur Sansal.

Je dois un livre à un ami…

SAMUEL ALBOSAN
2084 ENCORE

Yannick Ziegler

enseignant et écrivain

« Ceux qui ont tué la liberté ne savent pas ce qu'est la liberté, en vérité ils sont moins libres que les gens qu'ils bâillonnent et font disparaître... »

« Sans témoins pour la raconter, l'histoire n'existe pas, quelqu'un doit amorcer le récit pour que d'autres le terminent. »
Boualem SANSAL, *2084. La fin du monde*

En ce matin de novembre 2084, le ciel de Bruxelles est bas, lourd, comme un couvercle que nul ne pourrait soulever. Une bruine fine s'infiltre entre les pavés de la Grand-Place, efface les contours des façades baroques, brouille les enseignes des magasins, notamment celles des rares commerces francophones encore tolérés de-ci de-là au cœur de l'îlot sacré. Une rumeur s'étouffe entre les murs humides, celle que tous connaissent et que personne n'ose exprimer : Samuel Albosan est mort. Un laconique bulletin officiel est venu clore son destin, une phrase sèche jetée au vent par un secrétaire du gouvernement : « Nous avons le regret d'annoncer que le prisonnier Samuel Albosan, reconnu coupable d'activités séditieuses contre l'État, est décédé en détention à la suite de complications médicales. L'enquête conclut à une cause naturelle. Aucune autre déclaration ne sera faite. » Comme si le silence pouvait éteindre l'écho d'un homme dont les mots avaient traversé les décennies et les frontières. Mais ceux qui l'avaient lu, ceux qui l'avaient compris, savaient.

Samuel Albosan est né en l'an 2000, dans une Belgique qui n'existe plus aujourd'hui. Il a connu les dernières années d'un pays en sursis, observé la montée inexorable du nationalisme flamand, entendu les discours marteler cette idée d'une Flandre trahie par l'Histoire. En 2036, lorsque Bertrand Le Tisserand, investi d'un mandat légitime, imposa la sécession définitive de la Flandre, la Belgique s'effondra en une seule nuit. Bruxelles, amputée de son âme, fut enclavée de force dans la Nervie, le nouvel État né des cendres d'un royaume désavoué.

Dès les premières années de cette annexion et de la colonisation nervienne, Albosan comprit l'ampleur du désastre. Les livres furent réécrits. L'histoire fut lavée, frottée, polie jusqu'à ce qu'il n'en subsiste qu'un vernis trompeur, celui d'un roman national restauré où les comtes de Flandre, floués par les ducs de Brabant, obtenaient enfin leur revanche. La langue flamande devint hégémonique. Le français, une survivance honteuse. Le nom même de

« Belgique » dut disparaitre. Le Tisserand, spécialiste des écrits de César, expliqua qu'en réalité, les Belgae n'avait pas été les ancêtres des Flamands. Ainsi réhabilita-t-il le peuple nervien et ses tribus germaniques, source et père fondateur du sentiment d'appartenance à une seule patrie qui a toujours animé les provinces flamandes.

Face à cette brutale réécriture de l'Histoire, Albosan prit la plume. Il ne pouvait laisser l'oubli ronger la vérité. Ses pamphlets circulèrent clandestinement, dénonçant cette falsification. Il contestait, point par point, la légitimité de la Nervie sur Bruxelles.

Alors, on le surveilla. On l'intimida. Puis on le menaça.

Quand il lança l'idée d'une cité-État indépendante, qu'il baptisa Bruocsella, sous protection européenne, la Nervie vit rouge. L'Europe, où partout triomphaient les nationalismes, feignit de l'écouter. Albosan fut invité à la Commission européenne par de rares démocrates survivants mais, bientôt, le vent tourna. Son nom devint un signal d'alarme. Sur les réseaux sociaux, dans la presse nervienne, il fut désigné comme traître, ennemi de l'ordre établi. L'individu à abattre.

Un soir d'hiver glacial, alors qu'il rentrait chez lui par une ruelle déserte du quartier des Marolles, trois hommes encapuchonnés le prirent à partie. Insultes d'abord, coups ensuite. Il s'effondra sous les assauts, son visage heurtant violemment les pavés bruxellois. Quand il reprit connaissance, il saignait, son manteau déchiré, son souffle court. Cet assaut, il le savait, n'était pas le fruit du hasard. C'était un avertissement.

Le dernier. Ce fut l'événement de trop. Il quitta sa ville par une nuit de décembre. Direction Dublin, terre libre, musicale et insoumise. Il y devint écrivain. Ses romans dystopiques, des satires mordantes, dénonçaient la politique nervienne. Son chef-d'œuvre, « 2084 encore », peignait une civilisation où la pensée personnelle était un crime, où chaque citoyen était surveillé, analysé, classifié. La société entière avançait d'un même pas, tel un faisceau compact émanant d'une source unique. Dans ce roman sombre où la peur et la soumission forgeaient l'avenir, il racontait le formatage, l'effacement de la culture.

Le texte fit l'effet d'une bombe. Il inspira une jeunesse bruxelloise déjà frémissante. De son exil, Albosan voyait ses idées se répandre de l'autre côté de la Manche. Dans les quartiers encore frondeurs, le rêve de Bruocsella renaissait. La Nervie s'inquiéta, répliqua, et renforça la présence policière dans les rues de Bruxelles, désormais ville servile.

Les années passèrent et les chefs politiques avec elles. L'ascension de la Nervie n'aurait pas été possible sans son alliance avec la République démocratique du Congo M23, un régime militarisé qui contrôlait les gisements de cobalt les plus riches de la planète. En échange de contrats d'exploitation exclusifs, la Nervie fournissait au M23 des technologies de surveillance avancées, des armes de pointe et un accès aux marchés européens. Tandis que Bruxelles étouffait sous les lois linguistiques et la réécriture de l'histoire, Kinshasa passa à l'état d'empire industriel de la data, où chaque individu était fiché, scanné, catégorisé. La Nervie n'était pas une simple dictature régionale : elle était devenue le laboratoire d'un monde où les sociétés n'étaient plus que des instruments au service de leur propre rentabilité. L'Europe, dépendante des batteries au cobalt pour alimenter ses intelligences artificielles, se gardait bien de donner son avis, de peur d'être accusée d'ingérence. L'Alliance nervienne avec la puissance Centrafrique du M23 fut scellée lors des accords mémorables du traité de Matonge. Le plat pays de Nervie se métamorphosa en un monopole incontournable pour les nations en voie de formatage. Le gouverneur du département de la Wallonie Française, qui était un lointain descendant de la Reine Élisabeth de Belgique, tenta une timide intervention au Sénat, mais la France, dont l'évolution était sujette aux imports des ressources minières exploitées par la Nervie, ne soutint jamais les Bruxellois.

Cependant, les idées de Samuel continuaient d'essaimer. Inspirés par ses écrits, les jeunes de nombreuses villes d'Europe décidèrent de reprendre leur destin en main. Dans un monde où les assemblées parlementaires s'étaient muées en gestionnaires de systèmes, ils rêvèrent d'une nouvelle ère, d'une Renaissance moderne où les cités-États redeviendraient des bastions d'érudition, d'humanisme et de sciences. Le phénomène s'était enclenché progressivement, d'abord par la culture, puis par la politique. À Paris, les écrivains et intellectuels, fatigués de voir leur ville réduite à une simple vitrine touristique, avaient proclamé la Commune-Lumière, un territoire dédié aux idées et à l'innovation, où la liberté d'expression primait sur toute autre loi. À Venise, une élite d'architectes et d'artistes s'était réapproprié le lagon pour en faire un bastion de la préservation patrimoniale, tandis qu'à Dublin, la musique et la littérature avaient forgé une capitale du refus, où chaque rue vibrait de concerts et de discussions philosophiques. Vienne, elle, s'était imposée comme un refuge pour les chercheurs et scientifiques, revendiquant ainsi son héritage impérial et savant. Cette toile de cités-États, bien que disparate, formait une force de contestation silencieuse, une alternative au modèle ultra-contrôlé des nations rentabilisées. Ce mouvement grandissait, et Albosan en avait été l'inspirateur involontaire. Sa vision de Bruocsella trouvait un écho dans cette fédération inédite, dans ces enclaves où la pensée refusait de mourir.

En 2080, Samuel était désormais un vieil homme, respecté et distingué. À l'occasion de son 80ᵉ anniversaire, il fut invité en tous lieux dans les réseaux résistants de l'indépendance culturelle. Il recueillit les honneurs de toutes les cités-États européennes. Paris, Venise la Neuve, Dublin Musicale, Vienne la Reine… partout, il était reçu comme un héraut de la révolte civilisationnelle. Il devint le premier citoyen européen, un nouvel Érasme dans un monde décomposé qu'il fédérait à lui seul. Mais le temps ne lui laissait plus de répit. Une maladie rongeait son corps. Il le savait. Alors, en 2084, il prit une décision insensée.

Bruxelles l'appelait. Son sang, sa ville. Il espérait revoir ses petits-enfants, marcher une dernière fois dans ses rues. Malgré les avertissements de son entourage, il embarqua. Samuel Albosan était conscient que son retour était une folie. Chaque nuit, depuis qu'il avait arrêté son choix, il s'était réveillé en sueur, hanté par l'image de ces cellules blanches et vides dont personne ne ressortait jamais. Pourtant, quelque chose de viscéral le poussait à avancer. Était-ce la fatigue du combat ? Le poids des années, l'envie de revoir les siens ? Ou bien un espoir insensé, celui de montrer au monde qu'un vieil homme pouvait défier un régime entier rien qu'en posant le pied sur sa terre natale ? Il pensa à ses enfants, à ses petits-enfants qu'il n'avait jamais serrés dans ses bras. Un instant, alors que l'aéroport s'ouvrait devant lui, il hésita. Il aurait pu encore reculer, faire demi-tour, disparaître une dernière fois. Mais il continua d'avancer.

À son arrivée à Zaventem, une annonce résonna : « Monsieur Albosan, veuillez vous présenter au comptoir de l'immigration. »

À peine avait-il atterri qu'on l'arrêta. La Nervie avait son trophée.

On l'enferma sans livres ni papier. Un homme en uniforme entra. « Signez. Reconnaissez la Nervie comme l'héritière légitime de l'Histoire. Condamnez publiquement la chimère qu'est cette Bruocsella. Déclarez votre erreur. »

Il posa le document sur la table métallique. D'un geste mesuré, il fit glisser un stylo vers Samuel. « Il vous suffit de signer. » Albosan fixa la feuille. Un simple trait d'encre, et il serait libre. Il pourrait repartir, revoir les siens. Peut-être même, retrouver une place dans cette société qui l'avait banni. Son attention se porta sur la seconde ligne du texte : « Moi, Samuel Albosan, reconnais la Nervie comme unique héritière de l'Histoire belge et condamne les actes séditieux de l'autoproclamée Bruocsella. » Il ferma les yeux un instant. Une chaleur désagréable monta dans sa gorge. Était-ce la peur ? Ou une colère trop longtemps contenue ? Lorsqu'il rouvrit les paupières, il vit le visage de son interrogateur : un individu sans âge, au regard neutre, mécanique. Samuel tendit lentement la main. L'agent ne broncha pas. Mais Albosan ne prit pas le stylo. Il repoussa le papier vers le centre de la table. « Non. » Un silence de plomb tomba dans la pièce et l'homme attendit. Puis, il se redressa, ramassa la feuille et se dirigea vers la porte.

Ensuite, les semaines s'écoulèrent, identiques et muettes. Un crabe malin progressait en lui ; on le transféra en clinique, parfois, on le transfusa aussi. Il finit par arrêter de se battre, il ne mangea plus, c'était son ultime moyen d'exprimer son refus. Vint le dernier jour. Et plus tard, un simple communiqué.

***

En ce matin de novembre 2084, le ciel de Bruxelles est bas, lourd, comme un couvercle que nul ne pourrait soulever. La Nervie ne tremble pas. L'Europe, affairée à ses marchés, détourne le regard. La résilience revient et, même si on n'oublie rien, on s'habitue, c'est tout.

Puis, une lueur apparait dans l'obscurité. Une fuite anonyme, un souffle clandestin qui porte encore l'écho d'une voix que l'on croyait éteinte. Une journaliste bruxelloise, Luciana Weinshler, reçoit un pli cacheté, glissé sous sa porte en pleine nuit. À l'intérieur, un livre jauni par les années, publié en 2025 en hommage à un auteur persécuté et arrêté, un certain Boualem Sansal. À la dernière page, une annotation manuscrite : « Sans témoins pour la raconter, l'histoire n'existe pas, quelqu'un a amorcé le récit pour que d'autres le terminent. »

Luciana sent un frisson parcourir son échine. Tout est là, sous ses yeux. Le combat de Sansal, celui d'Albosan, et maintenant le sien. Elle comprend que son devoir est de continuer et de s'exprimer, encore et encore. Ce livre, elle ne peut pas le porter seule. Alors elle rallie d'autres écrivains. De Paris, de Venise, de Dublin, de Vienne. De la République des Lettres, ensemble, ils entreprennent de composer un ouvrage, non pas un simple récit, mais un témoignage, une mise en lumière. Un document interdit d'avance, mais inéluctable.

Et aujourd'hui, alors que la Nervie croit avoir effacé Samuel Albosan, il devient un mythe. Comme tous ceux qui, par leurs mots, refusent de plier. Un murmure que le vent porte sur les pavés mouillés de l'histoire.

Un cri immortel.

(Yannick Ziegler.)

SOMMAIRE

Avant-propos (V. Engel) 7
Un écrivain libre… (A. Azoun) 11
Le marathon des mots (T. Bekri) 17
Dans l'ombre de la plume (M. Ben Azouz) 23
Une étoile dans les ténèbres (K. Bencheikh) 33
Nous portons le poids des silences (idem) 43
Texte de soutien à Boualem Sansal (L. Biava) 45
Une atteinte à la sûreté de l'État (É. Brogniet) 49
Ma protection (C. Bucciarelli) 51
Tout le monde s'en fout (B. Coppée) 53
J'ai écrit liberté (L. Delory) 59
Pour la libération de Sansal (C. de Oliveira) 63
Poème pour l'homme qui écrit (C. Donnay) 65
L'écrivain et l'enfant (F. Duesberg) 69
Le jour de la libération de Sansal (G. Fierens) 73
Mon ami, le traître (N. Geerts) 77
Quoi ? Où ? (P. Guilbert) 81
Les âmes glacées (É. Guzy) 85

Pour Boualem Sansal (J. Jauniaux) 91
Sansal n'est pas un saint sale (Kalombo II) 93
Addiction (J.-P. Lefebvre) 99
Libérez Boualem Sansal! (M. Madi) 103
Chanter, un acte de résistance (N. Tuyêt-nga) 107
Ils tranchèrent la langue… (C. Nys-Mazure) 113
Boualem sans sel (F. Phlippe Marie) 115
L'appel aux trois sentences (I. O. Godfroid) 119
De là-haut (F Pirart) 121
En pensant à Boualem Sansal (A. Préaux) 125
À genoux! (J.-M. Rigaux) 127
La nuit de Boualem Sansal (Ch. Roche-Ford) 133
Acrostiche de l'espoir (L. Schraûwen) 141
Je me suis souvenu de cet homme (idem) 143
Nuit noire (M. Sluszny) 153
Liberté! (N. Stalmans) 165
Ce matin encore (A. Van Compernolle)… 173
La règle de grammaire (C. Virone) 177
En ordre de bataille (Y. Wellens) 181
Délicate attention (L. Zerhouni) 187
Samuel Albosan 2084 encore (Y. Ziegler) 189

Ce recueil de textes en soutien à l'écrivain algérien Boualem Sansal, injustement arrêté et emprisonné par le pouvoir algérien, a été orchestré par Liliane Schraûwen et Pen Belgique francophone.

Tous les bénéfices des ventes seront versés à Pen International.